AF303404

Verlag: BoD · Books on Demand GmbH, In de Tarpen 42,

22848 Norderstedt, bod@bod.de

Druck: Libri Plureos GmbH, Friedensallee 273, 22763 Hamburg

ISBN 978-3-7693-5430-0

Dank

Allen Personen und Institutionen, die diese Publikation unterstützt haben, spreche ich hiermit meinen herzlichen Dank aus.

Im Besonderen gilt dieser Dank posthum den beiden Brüdern **Ernst** und **Hans Anderegg**, die in langjähriger, akribischer Arbeit das sogenannte «Anderegg-Buch» geschaffen haben. Sie haben damit die Grundlage für das vorliegende Werk geliefert.

Im Weiteren seien an dieser Stelle speziell erwähnt bzw. verdankt:

Frau **Margrit Anderegg**, die das «Anderegg-Buch» über Jahrzehnte hinweg gehütet hat und unzählige Anfragen dazu beantwortet hat.

Herr **Felix Anderegg**, der mich motiviert hat, die genealogischen Recherchen zur Familie Anderegg wieder aufzunehmen und sowohl Unterstützung bei der Digitalisierung des «Anderegg-Buches» als auch bei der Zusammenarbeit mit der Burgergemeinde Rumisberg geleistet hat.

Die Burgergemeinde Rumisberg, insbesondere deren aktueller Präsident, Herr **Ronny Anderegg**, für die konstruktive Zusammenarbeit.

Ittigen b. Bern, im Januar 2025   Dr. Heinz J. Moll

Inhaltverzeichnis

Auf ein <u>Stichwort- und/oder Namensverzeichnis</u> wurde bewusst verzichtet, da die Kapitelunterteilung bereits eine Systematik aufweist, die das Auffinden von bestimmten Daten erleichtern soll und die Suche auf der alleinigen Basis von Namen wenig Sinn macht, weil in der Vergangenheit ausserordentlich viele Personen denselben Vornamen oder Kombinationen davon getragen haben, die eine eindeutige Zuweisung bzw. Identifikation praktisch verunmöglichen. Dafür benötigt man in der Ahnenforschung in der Regel mehrere Indizien, die nicht durch einfaches Nachschlagen eines einzigen Merkmals umgangen bzw. ersetzt werden können.

Abkürzungen und Symbole:

BE	Bern
DNA	Deoxyribonucleic Acid (engl.)
DNS	Desoxyribonukleinsäure; deutscher Terminus für DNA
eidg.	eidgenössisch
EGde.	Einwohnergemeinde
fl	florenus, Gulden
get.	getauft
HLS	Historisches Lexikon der Schweiz
Jh.	Jahrhundert
Kt.	Kanton
lat.	lateinisch
NN	Nomen Nominandum ("der Name ist [noch] zu nennen", bzw. ist [noch]unbekannt)
verst.	verstorben
v. C.	vor Christi Geburt
n. C.	nach Christi Geburt
⚔	Schlacht
SO	Solothurn
*	Geburtsjahr
+	Todesjahr
∞	Jahr der Vermählung
♀	weiblich
♂	männlich

Fotos:

Sämtliche Fotografien, für die nicht eine anderslautende Quelle angegeben ist, stammen vom Autor.

Vorwort

Die Frage nach ihrer Herkunft hat die Menschen schon immer beschäftigt. Insbesondere gilt dies für die eigene Familie und deren Vorfahren.

Es ist durchaus möglich, mit den heute zur Verfügung stehenden Mitteln und durch Recherchen bei bestimmten Institutionen die Geschichte der eigenen Familie zu erforschen. Gefragt sind dabei Geduld und Ausdauer sowie die notwendige Zeit, um in Archiven und je länger, je mehr auch im Internet nach den Spuren seiner Vorfahren zu suchen.

Im Rahmen der Suche nach meinen eigenen Vorfahren ist im Verlauf der Zeit so viel Material zusammengekommen, dass ich mich dazu entschieden habe, eine gossen Teil davon der interessierten Öffentlichkeit zugänglich zu machen. – Im Falle meiner Vorfahren mütterlicherseits konnte ich dabei von der erfreulichen Ausgangslage profitieren, dass sich bereits zwei Vorfahren intensiv mit der Familiengeschichte auseinandergesetzt hatten und daraus das «Anderegg-Buch" entstanden ist: Ein zweiteiliges Werk, in dem die beiden Brüder Ernst und Hans Anderegg eine immense Menge an Daten zur Familiengeschichte und -genealogie zusammengetragen haben.

Das vorliegende Werk ist eine Zusammenstellung von Daten und Fakten, die den Weg der Anderegg-Familien, meiner Vorfahren mütterlicherseits, die im nördlichen Teil des Kantons Bern und dort wiederum primär im Bipperamt heimatberechtigt sind, von der Vergangenheit bis in die heutige Zeit aufzuzeigen versucht.

Ausgewählte Stellen aus Publikationen über die bernische Geschichte und die Genealogie weisen die Interessierten auf weiterführende Literatur hin, wo detaillierte Informationen in Wort und Bild zu finden sind.

Ich hoffe, mit diesem Beitrag zur Geschichte der Familie Anderegg im bernischen Bipperamt die Zahl der Interessierten für die Herkunfts- und Familienforschung, der sogenannten "Genealogie", steigern zu können und wünsche allen Interessierten eine vergnügliche Entdeckungsreise!

Der Autor

1. Einleitung

Die beiden Brüder Dr. Ernst Anderegg und Dr. Hans Anderegg haben auf den 100-sten Geburtstag ihres Vaters, Professor Felix Anderegg, das sogenannte 'Anderegg-Buch'[1] herausgegeben. Mit Datum vom 21. Juni 1934 halten sie in ihrem Vorwort Folgendes fest:

„Das Anderegg-Buch ist für die Nachkommen von Felix und Anna Maria Anderegg-Mathys erstellt worden. Es ist der Wunsch der Verfasser, dass dasselbe nachgeführt werde. Damit es nicht in einer Familie verbleibt und allmählich in Vergessenheit gerät, soll es von den jeweiligen ältesten Nachkommen verwahrt werden, bei welchem es allen Interessierten zugänglich sein soll. Der Verwahrer ist der ganzen Nachkommenschaft von Professor Felix Anderegg für das Buch verantwortlich. Wenn er es nicht selbst nachführen kann, soll er dafür besorgt sein, dass es jemand aus der Verwandtschaft für ihn besorgt.

In der Hoffnung, dass das Geschlecht auch in Zukunft wachse, blühe und gedeihe, zeichnen: Dr. Ernst und Dr. Hans Anderegg"

Das Anderegg-Buch wurde dann wären mehreren Jahrzehnten von verschiedenen Angehörigen der „Anderegg-Sippe" sorgfältig aufbewahrt und gehütet. Eine eigentlich Nachführung im Sinne des Wunsches von Ernst und Hans Anderegg ist jedoch nicht erfolgt. Dank der Erfüllung der Verwahrungswunsches war es jedoch möglich, den Inhalt des Anderegg-Buches, das aus zwei Teilen besteht, digital zu erfassen und die Personendaten in eine genealogische Datenbank aufzunehmen. Dies wiederum ermöglicht jetzt die Nach- und Fortführung des Werkes, das von den beiden Anderegg-Brüdern Ernst und Hans im ersten Drittel des 20. Jahrhunderts mit grossem persönlichen Einsatz geschaffen wurde.

Um den Wunsch nach der Zugänglichkeit für alle Interessierten nachhaltig und langfristig zu erfüllen, wurde das Buch nach Absprache mit der Burgergemeinde Rumisberg als Schenkung offiziell dem Staatsarchiv des Kantons Bern übergeben, das nun für die fachgerechte Aufbewahrung des umfangreichen Werkes verantwortlich ist.

Das Buch kann unter der folgenden Internet-Adresse als Digitalisat eingesehen werden:

https://www.query.sta.be.ch/detail.aspx?ID=989242

Es ist folgende fünf Kapitel gegliedert:

1. Kapitel 1 - Anderegg als Familienname in der Schweiz

2. Kapitel 2 - Anderegg als altes Geschlecht von schweizerischen Landesteilen

---

[1] Anderegg Ernst und Hans, Anderegg-Buch (1934)

3. Kapitel 3 - Anderegg-Rumisberg Genealogie

4. Kapitel 4 - Die Familie von Felix und Anna Maria Anderegg-Mathys

5. Kapitel 5 - Handschriftliche Nachträge

Signatur:	GEN 2266
Titel:	**Anderegg**-Buch (**Anderegg** von Rumisberg) 1475-1934
Inhalt:	Enthält auch Fotografien und Zeitungsausschnitte
Entstehungszeitraum:	1934
Bemerkungen:	Verfasst von Ernst und Hans **Anderegg**, Bern, auf den 100. Geburtstag ihres Vaters Prof. Felix **Anderegg**, 21.06.1934
Archivalienart:	Akte/Dokument
Provenienz:	2024/102

Dateien

Dateien:	1. GEN 2266 Kapitel 1 Anderegg als Familienname in der Schweiz.pdf 2. GEN 2266 Kapitel 2 Anderegg als altes Geschlecht von schweizerischen Landesteilen.pdf 3. GEN 2266 Kapitel 3 Anderegg-Rumisberg Genealogie.pdf 4. GEN 2266 Kapitel 4 Die Familie von Felix und Anna Maria Anderegg-Mathys.pdf 5. GEN 2266 Kapitel 5 Handschriftliche Nachträge.pdf

URL für diese Verz.-Einheit

URL:	https://www.query.sta.be.ch/detail.aspx?ID=989242

Abb. 1 Die hier gezeigte Ansicht erscheint auf der Website des Staatsarchivs des Kantons Bern bei der Suche nach dem ‚Anderegg-Buch'.

Auf der Basis des Anderegg-Buches werden nun im vorliegenden Werk die Daten und Fakten aus den für die Familiengeschichte der Anderegg im bernischen Bipperamt wichtigen Dörfern genannt und es wird auch über die Wappen der bernischen Anderegg-Familien berichtet. Das geschichtliche Umfeld, in dem diese Menschen gelebt haben, wird aufgezeichnet und mit Grafiken und Bildern illustriert.

Abb. 2 Blick auf Rumisberg Richtung Süden. Im unteren Teil des Fotos (Mitte-links) ist der Hof 'Rüegacher' zu erkennen, der über lange Zeit von den Anderegg-Familien bewirtschaftet wurde. Auf der linken Seite ist zudem in der Ferne das Städtchen Wiedlisbach zu erkennen.[2]

---

[2] Foto: Website der Burgergemeinde Rumisberg [burgergemeinderumisberg.ch]

Abb. 3   Die Titelseite des ‚Anderegg-Buches‘.

2.   Geschichtliches Umfeld

Es liegt auf der Hand, dass der Gang der Geschichte auch die Geschicke derjenigen Teile der Familie Anderegg beeinflusst hat, die heute im Bipperamt heimatberechtigt sind und zu einem grossen Teil auch dort leben. Deshalb werden im Folgenden die wichtigsten Ereignisse und Eckdaten aufgeführt, die sich seit der Zeitenwende auf dem nördlichen Territorium des heutigen Kantons Bern abgespielt haben bzw. von nennenswerter Bedeutung sind. Die Auflistung der historischen Ereignisse stellt jedoch absolut keinen Anspruch auf Vollständigkeit: Dies würde den Rahmen dieses Buches bei weitem sprengen.

Mit dem Beginn des 17. Jh. liegen die ersten Einträge der Tauf-, Eheschliessungs- und Todesdaten von Andereggschen Namensträgern in den Pfarrbüchern der betreffenden Gemeinden vor, auf deren Basis die Nachkommenbäume (s. Kap. 7) generiert werden konnten.

2.1. Die Kelten

Ein grosser Teil der schweizerischen Bevölkerung hat keltische Vorfahren. Die Kelten wurden vor über 2000 Jahren vom römischen Feldherrn Julius Gaius Caesar wieder zurück an ihre Ausgangsorte geschickt, nachdem er diese in der Schlacht bei Bibracte (58 v. C.) ✖ auf dem Territorium des damaligen Galliens und des heutigen Frankreichs geschlagen hatte. Um Versuchungen einer "Rückkehr nach Hause" zu verhindern, hatte der keltische Stamm der Helvetier vor dem Verlassen seiner Heimat Haus und Hof niedergebrannt. So waren unsere keltischen Vorfahren nach der Wiederankunft in den kurz zuvor verlassenen Gegenden gezwungen, eine neue, dauerhafte Infrastruktur aufzubauen.

Abb. 4 Das Leben in einem keltischen Dort   [Quelle: keltenwelt-rhuen.de]

Die Zeit nach der Rückkehr der Helvetier an ihre Ausgangsorte ist als "pax romana" in die Geschichte eingegangen. Darunter wird die über 200 Jahre anhaltende innere Friedenszeit, eine lange währende Zeit von innerem Frieden, Stabilität, Sicherheit und Wohlstand im Römischen Reich bezeichnet, die 27 v. Chr. mit der Herrschaft des römischen Kaisers Augustus begann und mit dem Tod Mark Aurels 180 n. Chr. endete.

Viele archäologische Funde sind Zeugen der Zeit, als die Kelten in den heutigen bernischen Landen und deren Nachbargebieten gelebt und dadurch ihre Spuren hinterlassen haben. Für detaillierte Informationen zur Geschichte der Kelten, ihre Lebensweise und Kultur sei auf die einschlägige Literatur verwiesen.

2.2.   Die Zeit der römischen Herrschaft

Unter den Römern (58 v. C. – 450 n. C.) gelangte das schweizerische Mittelland zu kultureller Blüte.

Im 3. Jh. n. C. wurde allerdings im Norden der von den Römern gebaute Grenzwall (der sog. Limes) zwischen Rhein, Main und Donau von den germanischen Alemannen durchbrochen. Die Schweiz wurde Grenzland des römischen Imperiums, eine doppelte Verteidigungslinie an Rhein und Jura-Aare bildete nun das Bollwerk gegen die germanischen Stämme.

Gegen Ende der römischen Besetzungszeit drang da und dort das Christentum in die Schweiz ein. Kleinste christliche Gemeinden überdauerten den Sturm der Völkerwanderung bis zur Christianisierung unseres Landes durch irische Mönche im 7. Jahrhundert.

Abb. 5 Von der kleinen Festung in St. Wolfgang bei Balsthal SO, das nahe bei den Stammgemeinden der Anderegg-Familien im nördlichen Teil des Kantons Bern liegt, kontrollierten römische Elitesoldaten im 4. Jahrhundert die Juraübergänge.[3]

Für etwa 150 Jahre blieb die Schweiz Grenzland mit militärischer Besetzung. Der Zerfall des römischen Reiches öffnete dann aber der alemannisch-germanischen Einwanderung die Tore.[4]

---

[3] Harb Pierre; Spycher Hanspeter; Fundort. Archäologie im Kanton Solothurn (2016), mit freundlicher Genehmigung für die Reproduktion

[4] Schaffer Fritz, Abriss der Schweizer Geschichte, S.11ff; Verlag Huber, Frauenfeld (1972)

Die 1958–1960 untersuchten archäologischen Spuren in der Kirche Oberbipp wurden nach der Grabung unter einer Betondecke in der heutigen Kirche sichtbar belassen, blieben aber nur für Spezialisten zugänglich. Erst 2002 wurden sie konserviert und mit einem 70 m langen Parcours erschlossen.

Abb. 6   Kirche Oberbipp, ehemaliger römischer Gutshof; Ansicht von Osten auf das sogenannte «Lazarus-Grab». Links unten das regelmässige römische Mauerwerk, welches vom Grab durchschlagen wurde. Darüber die unregelmässig gemauerte romanische Schrankenmauer. Über eine Fläche von rund 300 m² erstreckt sich der Rundgang mit Mauern und Grabkammern von acht Gebäuden aus 1'700 Jahren. [5]

2.3.   Alemannen, Franken und Burgunder

Nach dem schweizerischen Philologen und Namensforscher Prof. Bruno Boesch kann die Bezeichnung „Alemannen" am wahrscheinlichsten wie folgt erklärt werden: „Menschen oder Männer insgesamt, im Gesamten genommen". [6]

Es ist unsicher, wann die „Geschichte" der Alemannen begann, wann sie – wenn überhaupt – endete und wo in der Frühzeit die Grenzen des Territoriums der Alemannen, die *Alemannia*, lagen. Es gibt auch keine eindeutige Festlegung oder Definition, wer Alemanne war und wer nicht. Heute sind viele Historiker grundsätzlich der Meinung, dass die Ethnogenese („Volkwerdung") der Alemannen erst auf dem Boden des neuen

---

[5]   Bild und Text: Känzig Bernhard (Red.), Oberbipp und seine Geschichte, S. 55 (2007)
[6]   Geuenich Dieter, Geschichte der Alemannen, S. 10ff; Verlag W. Kohlhammer, Stuttgart (2005)

Siedlungsgebietes zwischen dem Rhein und dem römischen Limes (s. obiges Kapitel) geschehen ist. - Zudem erscheint es unbegründet, sie als „Stamm" im Sinne einer Abstammungsgemeinschaft zu bezeichnen, da keinerlei Indizien für ein gemeinsames Stammesbewusstsein, für Mythen gemeinsamer Abstammung oder für sprachliche Gemeinsamkeiten überliefert sind.

Von den meisten Forschern wird heute angenommen, die Alemannen seien, zumindest in ihrem Kern, Sueben („Schwaben"), also ursprünglich Angehörige einer älteren, bei Gaius Julius Caesar und dem römischen Geschichtsschreiber Tacitus gut bezeugten Völkergruppe. Die von den Historikern dafür beigebrachte Begründung beruht allerdings auf Quellenaussagen aus späterer Zeit: Es ist die Gleichsetzung von Sueben und Alemannen, die in den Schriftzeugnissen seit dem 6. Jahrhundert begegnet. Die Namen „Alemannen" und „Schwaben" wurden im Früh- und Hochmittelalter synonym verwendet, bis sich schliesslich die Bezeichnung „Schwaben" durchsetzte und der Name der Alemannen vom 12. Jahrhundert ab allmählich in Vergessenheit geriet.

Die Sprachwissenschaft und die Archäologie gehen beide übereinstimmend davon aus, dass die Alemannen ursprünglich *Elbgermanen* waren, ihre Heimat also im Mittelelbe-Saale-Gebiet hatten. Da dort nach dem oben erwähnten Zeugnis des Tacitus die Heimat der germanischen Semnonen, des ältesten Stammes der Sueben, war, scheint die Vermutung, Alemannen seien identisch mit den Semnonen oder zumindest in ihrem Kern Semnonen, von Seiten der Nachbardisziplinen ihre willkommene Bestätigung erfahren.

Als Landwirte bevorzugten die Alemannen Hof- und offene Dorfsiedelungen. Sie legten damit den Grund zur dörflichen Kultur.[7]

Nach allem, was wir von der römischen Herrschaft in der Schweiz wissen, was uns die Münzfunde, auch die Orts- und Flurnamen im Kanton Bern nahelegen, kann kaum eine umfassend und endgültige Besiedlung unserer Heimat durch die Alemannen vor dem 5. Jahrhundert erfolgt sein.[8]

Entscheidend für das Schicksal der alemannischen Völker war die Konfrontation mit den Franken im Nordwesten und Norden ihres Siedlungsgebietes: In der *Schlacht von Zülpich* kämpften wahrscheinlich im Jahr 496 die Rheinfranken unter Sigibert von Köln mit der Hilfe der Salfranken unter Chlodwig I. (446-511, fränkischer König aus der Dynastie der Merowinger) gegen die angreifenden Alamannen. Nach einer offenbar weiteren Schlacht um 506 schienen die Alemannen entscheidend geschwächt zu sein.

---

[7] Thürer Georg, Bundesspiegel: Geschichte und Verfassung der Schweizerischen Eidgenossenschaft, S. 10; Artemis Verlags-AG, Zürich (1964)
[8] Amiet Bruno, Solothurnische Geschichte, Bd. 1, S. 117ff; Staatskanzlei des Kantons Solothurn (1952)

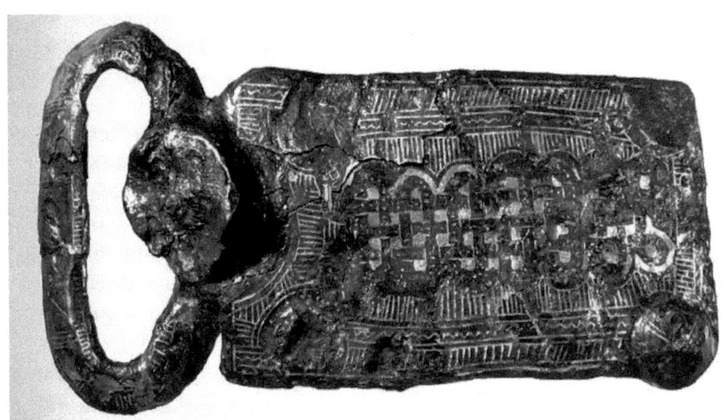

Abb. 7 Silbertauschierte Gürtelschnalle aus einem frühmittelalterlichen Grab (2. Viertel des 7. Jh.).[9]

Die Alemannen waren so zu Beginn des 6. Jh. zwischen die Machtblöcke geraten, die sich zu behaupten und ihre Machtsphären auszuweiten versuchten: Die Franken übten von Norden und Nordwesten her Druck aus und verdrängten offenbar grosse Teile der alemannischen Bevölkerung nach Süden.[10]

Sicher, wie das die Ortsnamen auf dem linken Aareufer bei Solothurn eindeutig dartun, waren die *Burgunder vor den Alemannen* an Ort und Stelle. So legen die wenigen sicheren Anhaltspunkte uns nahe, zu vermuten, dass die Alemannen *erst nach 480*, als ihnen die burgundische Pforte gesperrt war, durch das Aaretal westwärts wanderten.[4]

Der Flüchtlingsstrom aus dem Norden fand nördlich des Rheins wahrscheinlich nicht genügend Raum und überquerte den Rhein, um in das Land zwischen diesem und den Alpen zu gelangen, sich immer an die Flusstäler (Aare u.a.) und das urbarisierte Land haltend. Die einen fanden nun als Schutzflehende Zuflucht beim ostgotischen König Theoderich dem Grossen, die anderen westlich anschliessend vermutlich beim burgundischen König Gundobad, der zu diesem Zeitpunkt die Nordwestschweiz beherrschte.

Die Sprachwissenschaft und die Archäologie stimmen darin überein, eine alemannische Siedlungsbewegung grösseren Ausmasses relativ spät anzusetzen, jedenfalls erst im politischen Rahmen des merowingischen Frankenreichs. Die Ortsnamen bestätigen diese Datierung: Innerhalb der alemannisch-deutschen Siedlungsnamen ist eine ältere Namenschicht (Formen: -ingen-, -heim- und -dorf) von den Namen eines ersten frühmittelalterlichen Ausbauraums (Haupttyp: -inghofen bzw. -ighofen, -ikofen

---

[9] Bild: Känzig Bernhard (Red.), Oberbipp und seine Geschichte, S. 61 (2007)
[10] Geuenich Dieter, Geschichte der Alemannen, S. 87; Verlag W. Kohlhammer, Stuttgart (2005)

sowie -ikon) und denjenigen eines zweiten Ausbauraums (Formen: -wil und -wiler) zu unterscheiden. Aus der Übernahme und Lautverschiebung vordeutscher Namen, der zeitlichen und räumlichen Verteilung der genannten alemannisch-deutschen Leitnamen, ferner aus der Verbreitung der für die alemannisch-romanischen Berührungszonen typischen Walen-Namen entlang der deutsch-französischen Sprachgrenze sowie in der Nordost- und der Zentralschweiz kann die alemannische Siedlungs-bewegung bis zum 7./8. Jahrhundert. bestimmt werden. [11]

Das Ergebnis aller Überlegungen der bisherigen Forschung ist dahin zusammenzufassen, dass die Burgunder um 480 das Aaretal ihrer Herr-schaft unterwarfen und dass bald darauf die Alemannen ohne Kampf, die burgundische Herrschaft anerkennend, in grösserer Zahl einwanderten und besiedelten.

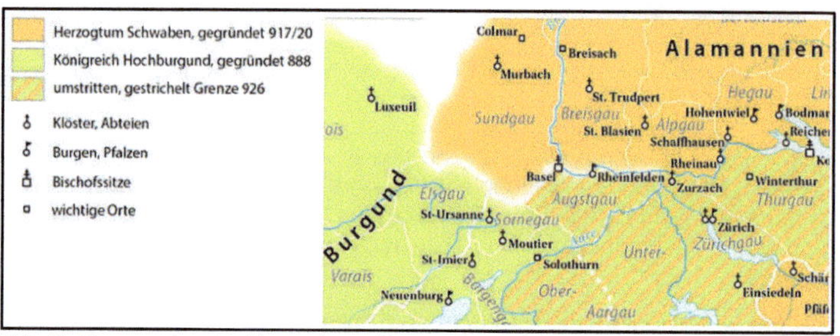

Abb. 8   Grenzregion des Herzogtums Alemannien und des Königreichs Hochburgund im 10.und 11.Jh. [Wikipedia; Marco Zanoli]

Hier und zu diesem Zeitpunkt fehlte es bei den Alemannen an einer einheitlichen Führung: Kein König und kein Herzog standen an Ihrer Spitze. Sie waren als „Hundertschaften" und einem Hundertschaftsvorsteher gruppiert, und ein solche bestand aus Sippen und Familiengruppen, die unter der Leitung eines Familienoberhauptes waren. So zogen sie westwärts und suchten sich Land und Siedlungsgrund aus, indem sie sich gewöhnlich an römische bzw. keltoromanische Örtlichkeiten hielten, während die bisherigen Bewohner vor ihnen auswichen.

Schon auf der Wanderung wurden die Leute nach dem führenden Geschlecht, das wiederum seinen Namen vom Familienoberhaupt besass, bezeichnet. So wird es begreiflich, dass die „–ingen-Orte" die ältesten alemannischen Siedlungen waren.

Da durch die Eroberung Burgunds auch die Alemannen unter fränkische Herrschaft gekommen waren, standen nun alle Alemannen unter der Oberhoheit der fränkischen Merowinger.

---

[11] Historisches Lexikon der Schweiz, Bd. 1, S. 175ff; Verlag Schwabe, Basel (2002)

Durch die Aufteilung des Herrschaftsgebiets unter den Söhnen Chlothars I. zog sich die Grenze zwischen Alemannien und Burgund durch das solo-thurnisch-bernische Land hindurch. Es ist jedoch schwierig, die genaue Grenzlinie nachzuweisen (s. Abb. 8). Es scheint das *rechte* Aareufer damals zu *Alemannien* geschlagen worden zu sein. *Burgundischer Herrschaft* unterstand das *links-ufrige* Aaretal mit seinen Zuflüssen bis nach Olten hinunter, auch wenn die Masse des Volkes alemannisch war.

In den Jahren nach 610 erfolgte eine neue grosse Besiedelungswelle. Diesmal flutetet sie mehr in den Jura hinein und suchte links und rechts der Aare- und Emmeebenen die Anhöhen und Bodenschwellen auf. In jenen Jahrzehnten müssen die Ortschaften auf –dorf und –wil entstanden sein.

Das alemannische Volk, das sich in unserm Land niederliess, war sozial reich gegliedert und abgestuft. Die unterste Gemeinde öffentlichen Rechts war die Hundertschaft. Darunter verstand man die Vereinigung von zehn bis zwölf Siedlungen mit je zehn waffenfähigen Männern: Das gab 100 bis 120 Streiter. In einem Dorf waren durchschnittlich acht bis zehn Höfe und die Bauern dieser Höfe standen unter dem Sippenführer. Diese ordneten sich ihrerseits dem Vorsteher der Hundertschaft unter. Es ist wahrscheinlich, dass die Sippenführer und die Hundertschaftsvorsteher dem Adel angehörten; die waffentragenden Bauern aber dem Stande der Gemeinfreien.

Wie weit diese Gliederung des Volkes im heutigen Kanton Bern durchgeführt war, bleibt wohl immer unbekannt, weil schriftliche Zeugnisse aus der Gegend restlos fehlen. Zudem sprechen wir ja über ein Grenzgebiet, wo sich die Herrschaftsverhältnisse überlagerten und auch die Völker sich mischten.

Als die Herrschaft des selbständigen Königreiches Burgund zu Ende war und ein Merowinger im Jahre 534 die Zügel der Staatsleitung ergriff, da begann eine intensivere Christianisierung des Landes. Die ersten Landkirchen sind um 600 anzusetzen. Gegen Ende des 7. Jh. drang das Christentum siegreich auf der ganzen Linie durch.

Mit der Herrschaft der Karolinger im fränkischen Reich begann auch *das eigentliche Mittelalter*.

Mit der Entstehung des deutschen Reiches gingen die „Stämme" in diesem auf, so dass es berechtigt erscheint, die Geschichte der Alemannen mit diesem Zeitpunkt als beendet anzusehen.[12]

---

[12] Geuenich Dieter, Geschichte der Alemannen, S. 89 und 118; Verlag W. Kohlhammer, Stuttgart (2005)

Abb. 9 Filigranscheibenfibel (2. Viertel des 7. Jh.)[9]

2.4. Die Karolinger

Nachdem Pippin der Kleine (Sohn von Karl Martell und Enkel des fränkischen Hausmeiers Pippin von Heristall) nach dem Ausscheiden seines Bruders Karlmann alleiniger Hausmeier geworden war, schickte er den letzten Merowingerkönig ins Kloster und liess sich im Jahre 751 selbst zum König der Franken erheben.

Auf Pippin den Kleinen folgten anno 786 sein Söhne Karl der Grosse und Karlmann und teilten sich das Reich. Karlmann regierte über Burgund und Alemannien bis ins Jahr 771, wo er plötzlich verschied. Darauf war Karl der Grosse im ganzen Reich Alleinherrscher und waltete bis zum Jahre 814 tatkräftig und nachhaltig seines hohen Amtes, das im Jahre 800 noch mit dem Glanz der abendländischen Kaiserkrone geschmückt wurde.

Die drei Söhne des Nachkommen von Karl dem Grossen, Ludwig dem Frommen, einigten sich im Vertrag von Verdun im Jahre 843 auf eine Aufteilung des grossen Reiches in West- Mittel und Ostfranken. Von der Grenzziehung wurde auch das nachmalig bernisch-solothurnische Land in Mitleidenschaft gezogen: Rechts der Aare gehörte vermutlich alles Land zu Ostfranken, das von König Ludwig dem Deutschen regiert wurde. Links der Aare lag Mittelfranken, das von Kaiser Lothar I., dem ältesten Sohn Ludwig des Frommen, beherrscht wurde.

Diese Ordnung währte aber nur bis zum Jahre 855, da Kaiser Lothar resignierte und starb. Das Mittelreich wurde darauf von den drei Söhnen dieses Kaisers aufgeteilt. Dabei erhielt der zweite Sohn, Lothar II., das Land von der Aare bis zum Genfersee, das somit die Südgrenze seines bis zur Nordsee reichenden Staates bildete. Er gab dem Gebiet, das einmal zwischen Frankreich und Deutschland liegen sollte, den Namen Lotharingien. Darnach wäre das solothurnische Land auf dem linken Aareufer unter der Herrschaft Lothars II. gewesen.

Sein Tod im Jahre 869 zeitigte einen schweren Gegensatz unter den Brüdern, den Königen Karl dem Kahlen von Westfranken und Ludwig dem Deutschen von Ostfranken. Sie einigten sich im Vertrag von Mersen im Jahre 870 über die Teilung des lothringischen Gebietes.

Abb. 10 Uebersichtsaufnahme der Grabung unter der Kirche von Oberbipp, Ansicht von Nordosten. Im Vordergrund rechts Reste der Nordapsis der ersten Kirche. Links im Mittelgrund das sogenannte «Lazarus-Grab».[13]

---

[13] Bild: Känzig Bernhard (Red.), Oberbipp und seine Geschichte, S. 51 (2007)

Während sich König Ludwig der Deutsche seit Verdun 843 am rechten Aareufer festgehalten hatte, griff er nun diesmal im Vertrag zu Mersen auf das linke Aareufer über und sichert sich das Bistum Basel.

Als König Ludwig der Deutsche im Jahre 876 die Augen für immer schloss, teilten drei Söhne Ostfranken. Der jüngste, Karl, empfing die Herrschaft über Alemannien und das Elsass und damit wohl auch die Nordwestschweiz.

Er erlangte sogar die Kaiserkrone und ging als Karl III. oder der Dicke in die Geschichte ein. Sein Tod im Januar 888 war ein Wendepunkt in der Geschichte der bernisch-solothurnischen Lande, ging doch damit die Herrschaft der Karolinger und des fränkischen Reiches überhaupt zu Ende.[14]

2.5. Königreich Hochburgund und salische Kaiser

Der Nachfolger des ersten Burgunderkönigs, Rudolf II., beherrschte vor seinem Tode im Norden seines Reiches die Freigrafschaft, Basel und den Aargau mindestens bis an die heutige bernisch-luzernische Grenze, wenn nicht gar bis an die Reuss. Sehr wahrscheinlich gehörte alles Gebiet im Mittelland und im Jura bis an die untere Birs zum burgundischen Reich. Im September 1032 ist mit Rudolf III. der letzte Rudolfinger verstorben.

Die Nachfolge an der Spitze des burgundischen Königshauses übernahm der Neffe Rudolfs III, Konrad II. Dieser hatte bis im Sommer 1038 vier (!) Kronen empfangen, nämlich die kaiserliche, die deutsche, die italienische und die burgundische. Bereits 1039 starb Konrad II. jedoch, als einer der mächtigsten Herrscher der europäischen Geschichte, unter anderem auch als Gründer des neuen Königshauses der "Salier".[14]

2.6. Zwischen Reich und Habsburg

Mit der Wende vom 11. zum 12. Jh. tritt der Adel, der auf dem Boden des nachmaligen solothurnisch-bernischen Gebietes zu Hause war, in den geschichtlichen Dokumenten auf.

Seit 1138 bestimmten die süddeutschen Hohenstaufen als Kaiser und Könige die Geschicke des deutschen Reiches und zogen dabei die Nachbarschaft südlich des Rheines ganz in Ihren Bann.

1267 wurde *Rudolf IV. von Habsburg* mit einem Schlag der mächtigste Herr im deutschschweizerischen Mittelland.

---

[14] Amiet Bruno, Solothurnische Geschichte, Bd. 1, S. 163ff und 167ff; Staatskanzlei des Kantons Solothurn (1952)

In den Wirren der damaligen Zeit vermochte Graf Rudolf III. von Nidau im ersten Drittel des 14. Jh. zwischen Jura und Aare vom Bielersee bis nach Olten eine achtungsgebende Landesherrschaft aufzubauen.

In den Jahren 1344/45 begann die Herrschaft der Stadt Solothurn über die umliegende Landschaft.

Gute zehn Jahre später, am 18. Oktober 1356, suchte ein gewaltiges Erdbeben Basel und die Nordwestschweiz heim.

Im Sommer 1365 sammelte Jean de Vienne als Bischof von Basel ein Heer, rückte über die Hauensteinpässe und suchte das Land am Jurafuss bis Grenchen hinauf heim, ohne dass ein wirklicher Erfolg eintrat.

2.7. Pest, Guglerkrieg und die Schlacht von Sempach

Zwischen 1346 und 1353 breitete sich die Pest als Pandemie in Europa aus, die als der "schwarze Tod" rund ein Drittel der damaligen Bevölkerung dahinraffte.

Zu dieser Zeit war der Anschluss der einst hochburgundischen Lande an das Deutsche Reich vollzogen. Das Mittelland vom Boden- bis zum Genfersee gehörte ein und demselben römischen Reich an. "Burgund" war mehr oder weniger ein geografischer Begriff für die Westschweiz.

Dem Niedergang des Adels steht in unseren Landen der Aufstieg der städtischen Gemeinden gegenüber.

Am 25. November 1375 brach Ingelram (Enguerrand) von Coucy, ein Enkel Herzog Leopolds I., aus dem Elsass auf, um an Basel vorbei mit seinem Heer in drei Säulen in den Jura und über den Pierre Pertuis und die beiden Hauenstein-Pässe in das Aaregebiet einzudringen. Er wollte sich endlich sein Erbe holen, das ihm nach dem Tod seiner Mutter Katharina von den Herzögen von Österreich vorenthalten wurde. – Wegen der spitzen Helme der schwer bewaffneten Söldner Ingelrams nannten diese das Volk "*die Gugler*" (aus dem lat. curcullus). Die "Gugel" war im Hochmittelalter eine kapuzenartige Kopfbedeckung. - Das Elend, das diese Gugler hinterliessen, war anfänglich trostlos: Überall verbrannte Höfe, menschliches Leid, bittere Armut. Einzelne Dörfer erholten sich nicht mehr wie Oberwerd im Gäu sowie Wedelswile und Gurzelen bei Solothurn. Erst allmählich erholte man sich von den guglerischen Schäden.

Herzog Leopold III. von Österreich sammelte 1386 ein Heer aus der ganzen süddeutschen Adelswelt und dem Jura, nachdem Luzern ihn zum Kampf herausgefordert hatte. Am 9. Juli kam es in der Nähe von Sempach zur

Schlacht ✗, bei dem ihm ein Heer der vier Waldstätte eine schwere Niederlage bereitete und ihm im Kampf den Tod brachte.[15]

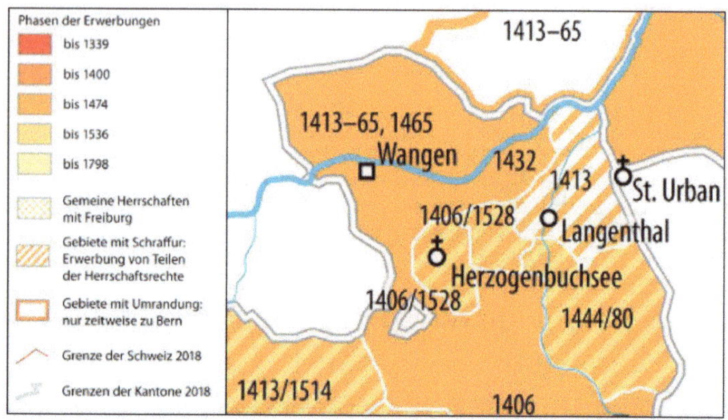

Abb. 11 Das Wachstum des Berner Stadtstaats bis 1798 [Wikipedia; Marco Zanoli]

Ende des 13.Jh. war aus den drei grundherrschaftlichen, die Namen nach Schlössern führenden Markgenossenschaften Wiedlisbach, Bipp und Erlinsburg in der Grafschaft Froburg eine Herrschaft Bipp gebildet worden, welche bis 1375 den Grafen von Nidau-Neuenburg, von 1375-1379 den Grafen von Thierstein, von 1379-1385 den Grafen von Kyburg-Habsburg, von 1365-1412 dem Haus Oesterreich-Habsburg, von 1412-1463 mit der angrenzenden Herrschaft Bechburg den Städten Bern und Solothurn and von 1463-1798 ohne jene Herrschaft dem eidgenössischen Ort Bern als ein Amt seines Kantons, Bipperamt, angehörte. Beim Schloss der alten Grundherrschaft Wiedlisbach war eine Stadt entstanden (1275); die Handveste datiert vom Jahre 1516.

Die Herrschaft Bipp umfasste die beiden Gerichtsgemeinden Wiedlisbach und Niederbipp, welche aus den anfänglichen Offizien Bipp (Wiedlisbach-Dipp) and Erlinsburg (Niederbipp) hervorgingen. Seit der Reformation bestehen zwei Kirchgemeinden (Oberbipp und Niederbipp), die sich jedoch nicht mit den Gerichtsgemeinden deckten, indem das von einem Niederbipper-Hof zu einer Gemeinde entwickelte Wolfisberg zur Kirchgemeinde Oberbipp gezogen, aber im Gericht Niederbipp belassen wurde. Walde ein östlich von Wolfisberg gelegener Niederbipper-Berghof, bildet mit Wolfisberg eine Schulgemeinde. Die Gemeinden Rumisberg, Farnern, Oberbipp, Wiedlisbach und Attiswil waren das Gebiet des Gerichts Wiedlisbach, die Gemeinden Niederbipp, Wolfisberg, Walliswil-Bipp und Schwarzhäusern dasjenige des Gerichts Niederbipp.

---

[15] Amiet Bruno, Solothurnische Geschichte, Bd. 1, S. 284ff; Staatskanzlei des Kantons Solothurn (1952)

Der Landvogt von Bipp hatte in jedem der beiden Gerichte einen Amtsweibel. Das Gericht wurde aus den Burgerschaften bestellt; die Mitglieder hiessen "Gerichtssäss", In jeder Kirchgemeinde bestand sodann ein Chorgericht, dem hauptsächlich das sittliche Label' zu überwachen zukam; auch die "Chorrichter" wurden aus der Mitte der Bevölkerung gewählt. Der Stadt Wiedlisbach stand den Burgermeister und Rat, den Landgemeinden die "Vierer" vor. Das einzelne Mitglied dar Vierer wurde "der Vier" genannt.[1]

2.8. Wachstum des bernischen Stadt-staates

Die Berner erwarben um 1411 das Lösungsrecht der Herrschaft Bechburg bei Oensingen mit dem Fridauer Amt im unteren Gäu vom Grafen Egon von Kyburg und 1415 vom Basler Konrad von Laufen Burg und Herrschaft Neu-Bechburg-Fridau.

Dieser gemeinen Herrschaft fügte Bern im folgenden Jahr Buchsiten und Kestenholz im solothurnischen Gäu hinzu, die Wilhelm von Grünenberg an Bern verkaufte.

Verhandlungen mit den Freiherren Hans und Hans Friedrich von Falkenstein kamen zum Ergebnis, dass diese die Landgrafschaft Buchsgau, die schon strak "durchlöchert" war, an Bern und Solothurn verkauften. Im Mai 1427 teilten die beiden Städte nun so, dass Solothurn in der Landgrafschaft im Tal ungeteilt, im Gäu aber gemeinsam mit Bern ausübte. Die Landgrafschaft über die Herrschaft Gösgen, von Trimbach bis Erlinsbach, gaben die Städte den Freiherren von Falkenstein, die jetzt auf Gösgen sassen, zu Lehen. Im November 1427 belehnte der Bischof von Basel die Städte mit dem Buchsgau.[16]

Im Frühjahr 1460 verlangte Bern die Aufteilung der gemeinen Herrschaften **Bipp** und Bechburg unter die zwei Herren. Im Mai 1463 wählte Solothurn Bechburg. Seitdem ragt das bernische Bipperamt in den Kanton Solothurn hinein.

2.9. Höhen und Tiefen der Machtpolitik - Konzil von Trient

Anfangs Juni 1513 fand die *Schlacht bei Novara* ✕ statt, wo die Eidgenossen gegen das französische Heer einen glorreichen Sieg errangen.

In der *Schlacht bei Marignano* ✕ Mitte September 1515 erlitten die Eidgenossen jedoch eine verheerende Niederlage. - Am 29. November 1516

---

[16] Amiet Bruno, Solothurnische Geschichte, Bd. 1, S. 304ff und 363ff; Staatskanzlei des Kantons Solothurn (1952)

schloss die ganze Eidgenossenschaft mit Frankreich den ewigen Frieden. Damit schliesst das "schweizerische Mittelalter" und geht 1519 in das erste Kapitel der Neuzeit über, die Reformation.[16]

Das *Konzil von Trient* (Tridentinum), das von der römisch-katholischen Kirche als 19. ökumenisches Konzil gerechnet wird, fand zwischen 1545 und 1563 in drei Tagungsperioden (25 Sitzungen) statt. Hauptanlass war die Notwendigkeit, auf die Forderungen und Lehren der Reformation zu reagieren.

Als Konsequenz des tridentinischen Konzils brachte das Jahr 1580 gleich eine Reihe von Entscheidungen: **Für die Nachwelt war die Einführung von Tauf- und Ehebüchern von besonderem Wert, damit in Zukunft die Verwandtschaftsgrade bei Eheschliessungen genauer festgestellt werden konnten. Ihnen folgten die Totenbücher.**

Abb. 12 Eine Versammlung des Konzils von Trient. Kupferstich von Claudy aus dem Jahr 1565 [epd-bild/akg-image]

In der Fortsetzung der Verordnung über die Führung von Ehebüchern erliess der Rat weitere Mandate über die Eheschliessung; gemäss den Satzungen des Tridentinischen Konzils sollte die Ehe das ganze Jahr hindurch geschlossen werden können, ausgenommen in der Zeit vom 1. Advent bis Dreikönige, vom Aschermittwoch bis zum 1. Sonntag nach Ostern und in der Pfingstwoche. Ferner sollte sie öffentlich ausgekündigt und eingesegnet werden. Diese Ordnungen des Jahres 1582 mussten im Jahre 1593 wiederholt werden, wobei noch hinzugefügt wurde, dass das Eheversprechen vor Zeugen abgelegt werden solle.
Bei der Einschränkung der Bürgeraufnahmen in den Jahren 1581 und 1588 wurde auch das Bürgerrecht genau umschrieben: Bürger war derjenige,

dessen Vater bereits beeidigter Bürger und zünftig war, und er musste sich einen Harnisch, kurze Wehr und einen Feuereimer (!) zulegen.

2.10. Das gegenreformatorische Zeitalter

Im 16. und 17. Jh. wurde die Abgabe der Zehnten und Bodenzinsen, das Gerichts- und Wehrwesen der Aufsicht der Vögte unterstellt. Die Ausführung der Anordnungen in den Dörfern wurde den Ammännern bzw. Untervögten und den Weibeln übertragen.[17]

Um in der verwirrenden Vielfältigkeit der Verteilung der Bodenzinse die Übersicht nicht zu verlieren, sah sich die Regierung, wie übrigens alle grösseren Bodenbesitzer, gezwungen, genaue Verzeichnisse der ihr zinspflichtigen Güter anzulegen: die sogenannten *Urbare*. Sie basieren theoretisch noch auf den ursprünglich geschlossenen Bauerngütern, die die einzelnen Bodenzinse trugen, den sogenannten *Schupposen*.

In fruchtbaren Jahren reichten die Erzeugnisse der Felder und die Viehzucht aus, um das Volk genügend zu ernähren, ja sogar Überschüsse nach auswärts auszuführen. Von Neuerungen in der Bewirtschaftung des Landes ist jedoch selten die Rede.

Die Masse der städtischen Bevölkerung und eine Minderheit auf dem Land lebten vom Handwerk. Die Handwerker der Stadt waren spätestens seit dem 14. Jh. in Zünften organisiert.

Im Zuge der katholischen Reform hatte die Zahl der Dorfschulen nach 1579 kräftig zugenommen.[18]

2.11. Der Dreissigjährige Krieg

Der Dreissigjährige Krieg (1618-1648) ist an dieser Stelle vor allem deshalb erwähnenswert, weil Tausende von Schweizern auf Frankreichs Seite gekämpft hatten.

Dieser Kampf fand zwischen dem habsburgischen Österreich und dessen mehrheitlich katholischen Verbündeten, dem deutschen Reich und dem ebenfalls habsburgischen Spanien, auf der einen Seite, sowie dem katholischen Frankreich mit den protestantischen Reichsfürsten, den Niederlanden und Schweden auf der anderen Seite statt. – Es ging dabei unter anderem um die religiöse Zwietracht zwischen katholischen und protestantischen Christen und den Kampf um die europäische Vorherrschaft.[19]

---

[17] Historisches Lexikon der Schweiz, Band 11, S. 587ff (2012)
[18] Amiet Bruno, Sigrist Hans. Solothurnische Geschichte, Bd. 2, S. 182ff/199; Staatskanzlei des Kantons Solothurn (1976)
[19] Historisches Lexikon der Schweiz, Band 3, S.795 (2004)

Der am 24.10.1648 abgeschlossene *Westfälische Frieden* beendete nach vierjährigen Verhandlungen in Münster und Osnabrück den Dreissigjährigen Krieg. Er bestand aus einem Friedensvertrag zwischen dem Kaiser und Frankreich (Frieden von Münster) und einem weiteren zwischen dem Kaiser und Schweden (Frieden von Osnabrück).[20]

Abb. 13   Flugblatt zum Ende des Dreissigjährigen Krieges (Universitätsbibliothek Frankfurt am Main)[21]

Das Ende des Dreissigjährigen Krieges zeichnete sich in der Schweiz unter anderem durch die Loslösung der Eidgenossenschaft vom Deutschen Reich aus.

Nach dem Ende dieses Kriegs wanderten Familien aus der Nordwestschweiz zu Hunderten in die verwüsteten und ihrer Bevölkerung weitgehend entblössten Dörfer des Elsass und der Pfalz aus. – Andererseits trieb der Krieg vor allem aus Deutschland viele Flüchtlinge in die Schweiz.

Viele deutsche Flüchtlinge, die sich während des Krieges in der friedlichen Schweiz niedergelassen hatten, kehrten jedoch auch wieder heim, und ihnen zogen zahlreiche Schweizer Bauern nach, da in den vorübergehend verödeten Tälern am Südhang des Schwarzwaldes, im Bistum Basel, später vor allem auch in der Pfalz, Heimwesen um wenig Geld käuflich waren.[22]

---

[20] Historisches Lexikon der Schweiz, Band 13, S.420 (2014)
[21] Bild: blog.nationalmuseum.ch
[22] Amiet Bruno, Sigrist Hans. Solothurnische Geschichte, , Bd. 2, S. 244/266/328; Staatskanzlei des Kantons Solothurn (1976)

2.12. Der Bauernaufstand des Jahres 1653

Die nach dem Dreissigjährigen Krieg verfügte Abwertung der Berner, Solothurner und Freiburger Handmünzen (Batzen, deshalb auch "Batzenkrieg") im Dezember 1652 löste bei den ländlichen Untertanen verschiedener eidgenössischer Städteorte Widerspruch und Klagen aus.

In der ersten Märzwoche 1653 wurde das Herrschaftsgebiet der Stadt Bern von der Rebellion erfasst, etwas später folgten auch die Hoheitsgebiete der Städte Solothurn und Basel.

Abb. 14   Im schweizerischen Bauernkrieg von 1653 kommen durch die Strafgerichte der Obrigkeit – durch Erhängen und Enthaupten – mehr Menschen ums Leben als auf dem Schlachtfeld. – Bild: «EXECUTION. Geschechen in Basel» 1653 (Ausschnitt).[23]

Der Konflikt erreichte am 14.Mai eine weitere Eskalationsstufe. An diesem Tag besammelten sich Vertreter der Untertanen von Luzern, Bern, Solothurn und Basel in Huttwil zu einer weiteren Landsgemeinde und schlossen einen dritten "Bauernbund".[24]

Mit dem unglücklichen Ausgang des Bauernkrieges war der letzte spürbare Widerstand des Landvolkes gegen die städtische Herrschaft erloschen; ungefähr gleichzeitig fand sich aber auch der gewöhnliche Bürger in der Stadt endgültig mit der patrizischen Bevormundung ab.[25]

2.13. Ungleiche Besitz- und Einkommensverhältnisse sowie eine erste Volkszählung

Im Lauf des 17. Jh. spitzten sich auch auf dem Land die Gegensätze zwischen arm und reich zu. Einer zahlenmässig kleine Schicht von reichen Grossbauern, Wirten und Müllern stand eine wachsende Masse von

---

[23] Bild: Zentralbibliothek Zürich, Graphische Sammlung und Fotoarchiv [watson.ch]
[24] Historisches Lexikon der Schweiz, Bd 2., S.90ff (2003)
[25] Amiet Bruno, Sigrist Hans. Solothurnische Geschichte, Bd. 2, S. 518; Staatskanzlei des Kantons Solothurn (1976)

ärmlichen Kleinbauern, bedürftigen Taglöhnern und mehr oder weniger dauernd Arbeitslosen gegenüber, die in kärglichen Verhältnissen lebten und sich kaum noch für etwas anderes interessierten als für die Befriedigung der unentbehrlichsten Existenzbedürfnisse.

Bei durchschnittlichen Einkommen von 4000 heutigen Franken für ungelernte Taglöhner, 5000 Fr. für gewöhnliche Arbeiter und 6000 Fr. für Spezialarbeiter erhalten die ständigen Ermahnungen der Obrigkeit zu einem mässigen und bescheidenen Leben einen sehr realistischen Hintergrund. Der kleine Bürger und Bauer lebt im allgemein überaus einfach, bezahlte für die Wohnung praktisch nichts und machte Anschaffungen von Kleidern und Möbeln höchst selten. Besonders die Alten, Witwen und Waisen standen vielfach vor der nackten Not; entsprechend häufig findet sich denn auch in den amtlichen Akten die trockene Bemerkung "ist völlig mittellos".

Im Jahre 1692 wurde erstmals eine Volkszählung durchgeführt, die offenbar als Grundlage für weitergehende Massnahmen militärischer und wirtschaftlicher Natur dienen sollte. - Mit wenigen Ausnahmen bewegte sich im Durchschnitt die Einwohnerzahl der einzelnen Dörfer fast überall zwischen 250 und 300.[26]

2.14. Ende des "Ancien Régime"

Bis zum Ende des sogenannten "Ancien Régime", der Zeit des französischen Absolutismus vor der Revolution von 1789, stand der aristokratischen Führungsschicht die Mehrheit der politisch entmachteten Bürger gegenüber. Umso nachdrücklicher beharrten die Handwerker und Gewerbetreibenden auf ihren materiellen Nutzungsrechten. Das bewahrte sie vor der Schmälerung ihrer wirtschaftlichen Vorrechte und der Konkurrenz unwillkommener Zuzüger, und es liess sie ihre politische Zurücksetzung eher verschmerzen.[27]

2.15. Französische Revolution, Helvetik und Schaffung des Bundesstaats

Die politischen Umwälzungen in Frankreich ab 1789 empfand primär die Führungsschicht als Bedrohung. Zudem traf die Entlassung der französischen Schweizerregimenter nach dem Tuileriensturm das Solddienstpatriziat empfindlich. Bereitschaft zu politischen Reformen bekundeten die Räte erst im Februar 1798.

---

[26] Amiet Bruno, Sigrist Hans. Solothurnische Geschichte, Bd. 2, S. 436f/519f und 532f; Staatskanzlei des Kantons Solothurn (1976)
[27] Historisches Lexikon der Schweiz, Band 11, S. 587ff (2012)

Am 5.3.1798 (Niederlagen der Berner bei Fraubrunnen sowie Grauholz) mussten die Berner vor den französischen Revolutionstruppen unter der Führung von General Balthasar Alexis Henri Antoine von Schauenburg kapitulieren.

Abb. 15 Gefecht der Franzosen gegen die Berner bei Fraubrunnen. Karl von Erlach verteidigt seine zwei Vierpfünder-Kanonen. Major Dürig führt das Füsilier-Bataillon Burgdorf gegen die Franzosen. - Collection Gugelmann [Stich (Umrissradierung, koloriert) von François-Aloys Müller (1774 – ca.1811)[28]]

In der Republik Helvetien (1798-1803) war der Oberaargau in die Distrikte Langenthal und Wangen, sowie in Teile der Distrikte Büren, Burgdorf und Zollikofen des "Kantons" (Verwaltungsgebiets) Bern aufgeteilt. Das Bipperamt war dem Distrikt Wangen zugeteilt worden. Distriktshauptort war die Stadt Wangen; zum Distrikt gehörte auch die Kirchgemeinde Koppigen. Im Volksstaate Bern (seit 1803) werden zum Landesteil Oberaargau die Amtsbezirke Aarwangen und Wangen, im weiteren Sinne auch Ämter Burgdorf (jetzt mit der Kirchgemeinde Koppigen) und Fraubrunnen gerechnet. - Das Geschlecht „Anderegg" traf man zu dieser Zeit im Oberaargau an, in der ehemaligen Landvogtei Bipp, deren Gebiet jetzt noch mit "Bipperamt" bezeichnet wird, in der Stadt Wangen and in der Gemeinde Koppigen.[1]

Der Kanton Bern entstand aus den Gebieten des eidgenössischen Städteortes (Kantons) Bern und deren Untertanengeist ohne den Aargau und die Waadt; es wurde 1815 auf dem Wiener Kongress wegen des Aargaus und der Waadt mit den Gebieten von Biel, Moutier und des ehemaligen Bistums Basel, die seit 1798 französisch waren, entschädigt.[29]

---

[28] Bild: Schweizerische Nationalbibliothek [helveticarchives.ch]
[29] Nabholz Hans, Kläui Paul, Quellenbuch zur Verfassungsgeschichte der Schweizerischen Eidgenossenschaft und der Kantone, (1940)

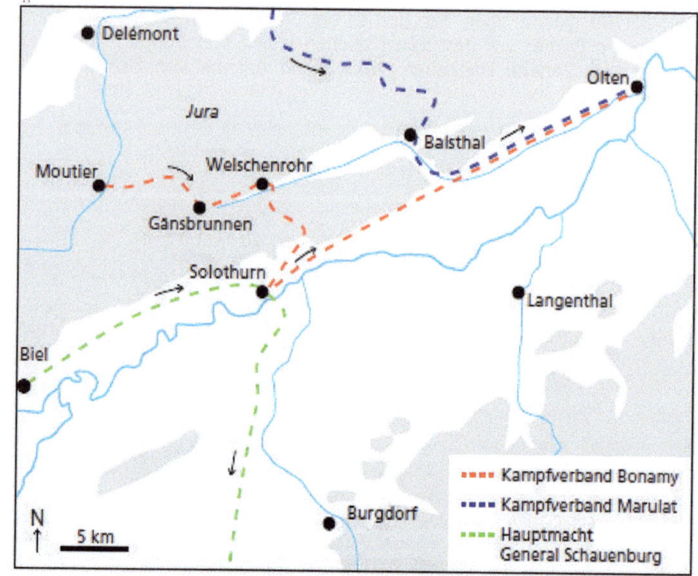

Abb. 16 Die französische Offensive gegen Solothurn und den Jurasüdfuss vom 1.– 4. März 1798 erfolgte aus drei Richtungen und führte im Falle des «Kampfverbandes Bonamy» auch durch das Bipperamt. [30]

Die Aushebungen für die Milizarmee 1799 hatten in sämtlichen Distrikten Unruhen zur Folge.

Unter der am 10.3.1803 eingeführten Mediationsakte war Bern einer der Direktorialkantone[31]. Das Berner Kapitel der Mediationsverfassung teilte den Kanton in die fünf Bezirke Stadt Bern, das Oberland, das Landgericht, das Emmental und das Seeland ein.[29]

Während der Helvetik gab es im Bipperamt vier Munizipalitäten: Oberbipp (Rumisberg, Oberbipp, Farnern und Wolfisberg), Attiswil, Wiedlisbach und Niederbipp (Niederbipp, Walliswil und Schwarzhäusern); jeder derselben stand ein Munizipalrat vor. Im Volksstaat Bern (seit 1803) hat jede der neun Bippergemeinden einen Gemeinderat, die Chorgerichte wurden aufgehoben und anstelle der alten Gerichte trat das Amtsgericht Wangen.[1]

---

[30] Backman Ylva, Fankhauser Andreas, Lanz Christian, Gräber in Welschenrohr aus der Zeit des Franzoseneinfalls; in: Jahrbücher der Archäologie und Denkmalpflege im Kt. Solothurn. (2015)

[31] 'Vorort' wurde im Ancien Régime und von 1815 bis 1848 derjenige Kanton genannt, in dem die Tagsatzung turnusgemäss tagte. In der Mediation (1803–1815) verwendete man die Bezeichnung 'Direktorialkanton'.

Der Ausbruch des indonesischen Vulkans Tambora 1815 führte im darauffolgenden Jahr in Europa und Nordamerika zu einem "Jahr ohne Sommer" und in der Schweiz zu einer schweren Hungerkrise. Dieses katastrophale Ereignis zeigt eindrucksvoll, wie Naturgewalten unser Leben auf der Erde prägen und wie globale Klimaänderungen das gesellschaftliche Leben beeinflussen können.[32]

Abb. 17 Der Ausbruch des indonesischen Vulkans Tambora im Jahre 1815, der im Folgejahr auch in der Schweiz zu einer schweren Hungersnot führte; gemalt von Rob Wood. [Quelle: ETHZ, focus Terra]

Schaffung des Bundesstaats

1832 gehörte der Kanton Bern dem sogenannten Siebnerkonkordat (sicherheitspolitische Vereinbarung unter den liberalen Kantonen) an. Darin garantierten sie sich gegenseitig ihre neuen liberalen Verfassungen und versprachen, Streitigkeiten durch Schiedsgerichte zu lösen sowie nötigenfalls Ruhe und Ordnung mit Waffengewalt durchzusetzen.[33]

1847 gehörte Bern zur Mehrheit der zwölf Kantone, welche die Auflösung des Sonderbunds beschloss und vollzog. In der Volksabstimmung wurde die Bundesverfassung von 1848 mit einer Zweidrittelmehrheit angenommen.

---

[32] http://www.focusterra.ethz.ch/sonderausstellungen/archiv/tambora und das jahr ohne sommer.html

[33] Genoud François, Siebnerkonkordat, im HLS, Bd. 11, S. 618ff (2012)

2.16. Neuere Geschichte

Nach der Krise der 1850er Jahre akzentuierte sich die ungleiche Bevölkerungsentwicklung der Regionen. Die Industrieregionen des Kantons wurden zu Wachstumspolen, in denen es auch ausserhalb der Städte zu stadtähnlichen Verdichtungen kam. Hingegen erlitten ländliche Gegenden Bevölkerungsverluste, und das überkommene Dorfbild blieb dort weitgehend intakt.

Das änderte sich mit der Hochkonjunktur nach dem 2. Weltkrieg. Sie löste einen Bauboom aus und führte zu zunehmender Mobilität sowie Zersiedelung der Landschaft.

In der Regenerationsbewegung stieg eine neue kleinstädtische und ländliche Oberschicht ziemlich rasch in führende Stellungen in Staat und Gesellschaft auf und verdrängte dort, von einzelnen Ausnahmen abgesehen, die alteingesessenen Patrizierfamilien. Diese meist aus gewerblichen Kreisen stammenden Männer trugen ab der Mitte des 19. Jh. auch den industriellen Aufschwung oder rückten in höchste Stellungen in Politik und Wirtschaft vor.

Bis zu Beginn des 1. Weltkriegs nahm der Anteil der ländlichen Haushalte, die von der Industriearbeit lebten, markant zu: Rund um die Industriezentren rekrutierte man billigere, weil z.T. noch selbstversorgende Arbeitskräfte vom Land und transportierte sie mit Arbeiterzügen in die Fabrik. 1885-1915 vervierfachte sich die Zahl der dem eidg. Fabrikgesetz unterstellten Lohnarbeiter. Die sich in der Hochkonjunktur nach dem 2. Weltkrieg fortsetzende Industrialisierung mit 56% Industriebeschäftigten 1973 führte auch zu einem Anwachsen der ausländischen Bevölkerung sowie zu einer zunehmenden Verstädterung und Suburbanisierung um die Zentren.[34]

3. Die Anderegg-Familien im Verlaufe der Geschichte

Aus der Einleitung des Anderegg-Buches sei hier Folgendes wiedergegeben:

ANDEREGG gehört zu den ältesten Bauerngeschlechtern des Territoriums des heutigen Bundesstaates Schweiz. Es lässt sich schon zu der Zeit der Entstehung der Eidgenossenschaft in Obwalden-Oberhasle-Goms nachweisen. In den geretteten Blättern des ältesten Anniversarien-Buchs der Pfarrkirche Sarnen wird die Vergabung eines Ackers "am Vange" (Fanger) und einer Wiese "in Tatenswand" von Berchta an der Egg ("Votcha an der Egga") verzeichnet und als einen weiteren Wohltäter der Kirche Walther an

---

[34] Historisches Lexikon der Schweiz, Band 11, S. 587ff (2012)

der Egg aufgeführt[35]. In der Schlacht bei Sempach vom 19. Juli 1356, welche zum Ausgangspunkt einer geschlossenen schweizerischen Eidgenossenschaft acht alter Orte wurde, fiel auch ein Unterwaldner Heini an der Egg. In der Schlacht der Oberwalliser gegen die savoyischen Unterwalliser auf der Planta 1475 war Anführer der Gommer Anselm an der Egg (an der Eggen) von Biel. Am 16. März 1476 nahm dieser Anselm an der Egg, als Landeshauptmann von Wallis, den Huldingungseid der Unterworfenen ab. Zur Zeit des Schwabenkriegs (1499), nach welchem die Unabhängigkeit der Schweiz vom Heiligen römischen Reich deutscher Nation anerkannt wurde, war das Geschlecht Anderegg schon ziemlich verbreitet. In der Schlacht bei Frastanz fiel z.B. Conrad an der Egg aus Unterwalden.

Abb. 18   In der Simultankirche von Wattwil ist dieses Wappen an einer Stukkaturwölbung angebracht. Die beiden Schenkel des Sparrens scheinen nach der Abbildung gebogen zu sein, indem sich hier die Rundung der Stukkatur auswirkt. Die Legende über dem Wappen. weist aber auf die Geradlinigkeit der Schenkel hin.

Im Amt Bipp des Staates Bern nahm von einem grossen Hof in Rumisberg, im fürstäbtisch-St. Gallischen Land Toggenburg von einem Hof an der Egg,

---

[35] Kiem Martin, Die Alpenwirtschaft und Agrikultur in Obwalden seit den ältesten Zeiten, im Geschichtsfreund, herausgegeben vom historischen Verein der fünf Orte Luzern, Uri, Schwyz, Unterwalden und Zug, Bd. XXI, S. 187ff (1866)

(auf der Egg) das Geschlecht an der Egg seinen Ausgangspunkt. Von Rumisberg gelangte das Geschlecht im Laufe der Zeit auch nach Farnern, Attiswil, Oberbipp, Wiedlisbach und Wangen a.A., von Wattwil aus in die übrigen Teile der Vogtei Yberg (Ebnat-Kappel) und in die Vogtei St. Peterzell. Nach den Banden 97 und 101 des Toggenburger Lehenarchivs (Teil des Stiftsarchiv St. Gallen) war 1494 Heini an der Egg, der Sohn des Hanns an dar Egg, Besitzer des Hofes an der Egg. 1508 gab es in der gleichen Lokalität beim Frauenkloster Pfannersegg schon drei Höfe: Einer gehörte der Witwe des Heini, der Frau Greta an der Egg, der zweite dem Sohn Hanns an der Egg und der dritte dem Enkel Redoh (Rudolf) an der Egg und seiner Schwester Verena (hinder des Sohnes Bernhard). Die Witwe eines anderen Sohnes von Heini an der Egg, Frau Elsa an der Egg, war Besitzerin der Mühle zu Ulisbach ("Elenspach"); ihr Mann, Heini an der Egg war, wie sein Bruder Bernhard,1508 bereits gestorben. Aber schon zur Zeit der Dynastie Toggenburg bestand im toggenburgischen Land ein Ministerialgeschlecht an und von der Egg, (lateinisch de Egg) welches die Stammburg an der Egg bei Oberbatzenheid hatte. Von diesem Schloss steht heute noch ein Turm. Aus diesem Ministerialgeschlecht wurden in der Stadt Zürich 1228-44 Ulricus de Egg, ein Kriegsmann (gest. 1260) und 1277 ein Canonicus C. de Egg bekannt.

Bis zur schweizerischen Revolution 1798 wurde allgemein "an der Egg" geschrieben, erst von da hinweg bzw. erst von der Anlegung der geordneten Burgerrodel "Anderegg". Alte Schreibarten des Geschlechts waren auch: an der Egk, de Egg, an der Egga, an der Egren, an der Eggon, an der Eccon, auf der Egg ("uff der Egg"), auf der Eggen, von der Eggen, ab der Egg, ab der Eggen. Ein Zweig der Gommer Anderegg schreibt sich noch jetzt Aufdereggen. Schriftsteller des Mittelalters verlateinisierten den Namen mit ‚Super Cristam', ‚de Crista' (de Christa). Der „Wohledelgeborne, schaubar, grossmächtige Herr Landeshauptmann" Anselm an der Egg wird 1476 Anselm ‚Super Cristi' genannt.

Obwalden, Oberhasle und Goms sollen, wie Nidwalden (Stans Buochs), Uri und Schwyz von germanisch-skandinavischen Auswanderern bevölkert worden sein. Im XV. Jh. wurde eine Schrift "Herkommen der Schwyzer und Oberhasler" herausgegeben, in welcher für eine schwedisch-ostfriesische Abstammung die Stelle aus einer in Rom aufgefundene Chronik zitiert wird: Wegen Hungersnot seien 6000 Schweden und 1200 Ostfriesen durch das Los zur Auswanderung genötigt worden und zum Fractus Mons (Pilatus) vorgedrungen, in dessen Umgebung sie sich niederliessen und den Urwald für ihre neuen Wohnstatten rodeten. Bei einem Einfall der Westgoten nach Italien zur Zeit des Königs Alarich, 381-410, sollen die Kolonisten dem Kaiser des weströmischen Reiches und dem Papst in Rom (dem ersten der Bischöfe) Hilfe geleistet haben. Zum Dank dafür seien sie mit dem Land um den Pilatus belohnt worden.- Verfasser der erwähnten Schrift soll nach Aegidius Tschudi (1505-72) in seiner Gallia comata Hans Fründ, der von 1437-53 Landschreiber in Schwyz war, nach dem Tübinger Universitäts-kanzler Nauclerus in der Weltchronik 1516 Pfarrer Eulogius Kyburger, nach Anderen der Beromünster Chorherr und Sarner Pfarrer Heinrich von

Gundelfingen sein. Fründ hätte sie um 1440, Kyburger hingegen nach den Unruhen im Berner Oberland 1445/51, v. Gundelfingen um 1487 herausgegeben.

Die von Aegidius Tschudi angenommene Darstellung nahm Schiller (1759-1605) in sein Schauspiel „Wilhelm Tell" auf. Hier heisst es im II. Akt: "Hört, was die alten Hirten sich erzählen. Es war ein grosses Volk hinten im Lande nach Mitternacht, das litt an schwerer Teuerung. In dieser Not beschloss die Landsgemeinde, dass jeder zehnte Bürger nach dem Los der Väter Land verlasse - und zogen aus ... ein grosser Heerzug, nach der Mittagssonne, mit dem Schwert sich schlagend durch das deutsche Land, bis an das Hochland dieser Waldgebirge. Da beschlossen sie zu bleiben, erbauten den alten Flecken Schwyz und hatten manchen sauren Tag, den Wald mit weit verschlungenen Wurzeln auszuroden. Darauf, als das Roden nicht mehr genügen tat der Zahl des Volkes, da zogen sie hinüber zum schwarzen Berg, ja bis ins Weiseland (Oberhasle) hin wo hinter ewigem Eiseswall verborgen (westwärts von Goms) ein anderes Volk, in anderen Zungen spricht. Den Flecken Stans erbauten sie am Kernwald, den Flecken Altdorf in dem Tal der Reuss."

Der schwedische (schwedisch-ostfriesische) Ursprung wird auch ange-nommen: in der, im weissen Buch von Sarnen, dem Landschreiber-manual von 1467-761 eingetragenen "Kurzen Chronik der drei Waldstätte von Hanns Schriber (ca. 1436-1474); in der 1479 erschienen "Beschreibung der Eidgenossenschaft" vom Einsiedler-Dekan Dr. iur. h.c. Albrecht von Bonstetten (ca. 1442-1504); in der auf 1500 abgeschlossenen "Reimchronik über den Schwabenkrieg" von Niklaus Schradin. Die Chronik im weissen Buch von Sarnen ist nach dem Zofinger-Studenten J. Anderegg (von St. Gallen) als eine Entgegnung auf das, zur Zeit des alten Zürcherkriegs erschienene Hemmerlin'sche Pamphlet "De rusticate et nobilitate Dialogus" anzusehen[36]. - An den "schwedischen Ursprung" knüpfte denn auch Ritter Christoph Ludwig Rasche, der Gesandte des Königs Gustav Adolf von Schweden, in der lateinisch gehaltenen Rede vor der eidgenössischen Tagsatzung am 9. Dezember 1631 für ein im 30-jährigen Krieg wünschens-wertes schwedisch-eidgenössisches Bündnis an.

Speziell "zue Lob und Ehren Denen von Hasle (Oberhasle) wurde 1551 das "Ostfriesenlied" des Toggenburgers Bendicht Gletting, dem volkstümlichen Liederdichter des XVI. Jh., gedruckt herausgegeben. Die schwedisch-ostfriesische Abstammung der Oberhasler gab dem bernischen Dichter Johann Jakob Romang (1830-1884) den Stoff zu dem im Saaner-Dialekt gehaltenen gespenstigen "Friesenzug" - die Hirten hören ein "schüfters Chrachen", "G'hört's näher chon zur Staffelstall! g'hört van der Egk (von der Egg) den Widerhall van Rossen, Lüten, Wehr' un Waffen!"

---

[36] Feuille centrale de la Société de Zofingue, T.XV, Genève, S. 334ff (1875)

Abb. 19 Titelbild des „Friesenzugs" von Wilhelm Roegge / Die Herkunft der Schwyzer aus Meinrad Lienert: Schweizer Sagen und Heldengeschichten (1915). - In der Schweiz vermischen sich die Hexenfahrten wiederum mit der sagenhaften Herkunft der Schwyzer aus dem hohen Norden, dem gespenstischen Heer der Toten, dem "Nachtvolch" oder Gratzug und dem Wuotisheer, dem "wilden Jäger" und der wilden Jagd. Mancherorts sah man in dem "wilden Heer" auch den Zug des Friesenvolchs, die der Sage nach einst aus dem hohen Norden bis an die Alpen gezogen waren.

Der Meiringer Pfarrer Johannes Sprüngli brachte in der Beschreibung des Haslitals im Kanton Bern (Sammlung landwirtschaftlicher Dinge ,1750) "Beweise der schwedischen Abstammung der Oberhasler" (z.B. "Lamm" für engen Durchpass).

Noch bis in die jüngste Zeit weisen Obwalden, Oberhasle and Goms in wirtschaftlicher Richtung gewisse Übereinstimmungen auf, so in der Rindviehhaltung leichte Braunviehschläge, im "Geisswesen" die gamsfarbigen Ziegen, in der Benutzung der Gemeindealpen die Festlegung der Kuhrechte auf die Bauernhöfe nach dem Verhältnis zur Grösse und zum Ertrag der Güter ("Stuhlung" in Unterwalden, „Randung" in Oberhasli und Goms). Goms und Oberhasle sind auch schon vor geschichtlich bekannten Bündnissen mit Orten dar schweizerischen Eidgenossenschaft in deren Gebietsumfang einbezogen worden, so in der Urkunde betreffend den Eintritt Zürichs in die Eidgenossenschaft vom 1. Mai 1351. Die Stadt Bern, welcher sich das Land Oberhasle 1334 freiwillig anschloss, trat 1353 in den eidgenössischen Bund der "Zehnen" (Staat); Goms ging am 15. Dezember 1416 mit Unterwalden, Uri und Luzern ein Bündnis ein.

Die Landschaften Obwalden, Oberhasle und Goms, obwohl von hohen Berggraten geschieden, wären, wenn die hievor gebrachte Darstellung von der Herkunft ihrer Bevölkerung richtig sein sollte, also bloss Teile einer grossen germanisch-schwedischen Kolonie. Die ersten Kolonisten sollen schon Geschlechtsnamen getragen haben; noch heute besteht die Ansicht, dass zusammengesetzte Geschlechtsnamen wie "an der Egg" schwedischen Ursprungs seien. Es würde sich auch, die Erklärung finden, wie aus diesen Landschaften das Geschlecht Anderegg in das Toggenburg und in den Oberaargau gekommen war: Zwischen den Häusern Raron (Oberwallis) und Toggenburg bestanden nämlich verwandtschaftliche Beziehungen; als die Dynastie Toggenburg ausstarb, gelangte das Land Toggenburg an die Dynastie Raron. Die Möglichkeit besteht also, dass durch die Raron an der Egg als Dienstleute ins Toggenburg gekommen waren. Durch hervorragende Dienstleistungen eines Oberwalliser an der Egg könnte derselbe toggenburgischer Ministeriale geworden sein. Sofern die unter "Egglüten" in der Urkunde von 1431 des 1428 auf Pfannersegg in der Kirchhöri Wattwil errichteten Franziskanerinnenklosters erwähnten Nachbaren schon Angehörige des Geschlechts „an der Egg" gewesen sein sollten, so könnten es sehr wohl Nachkommen jenes Rittergeschlechts, welche in den Bauernstand hinübergetreten waren, gewesen sein. Jener 1494 genannte Hanns an der Egg könnte aber auch erst mit dar Dynastie Raron in das Land Toggenburg gekommen sein.

Toggenburg kam 1466 von den Raron an den Fürstabt von St. Gallen. Vor diesem Herrscherwechsel hatten Toggenburg und die eidg. Orte Schwyz und Glarus ein Bauern-Landrecht geschlossen, so dass Toggenburg in Beziehung mit der schweizerischen Eidgenossenschaft getreten war. Der Fürstabt von St. Gallen hatte Besitzungen am Bielersee und im alten Buchsgau. Im Buchsgau war 1463 aus den beiden, seit der zweiten Hälfte des XIV. Jh. bestandenen Offizien Bipp (Bipp-Wiedlisbach) und Erlinsburg (Gericht Niederbipp) die bernische Landvogtei Bipp (Bipperamt) gebildet worden. Es ist nicht ausgeschlossen, dass Hans an der Egg in Rumisberg aus dem Toggenburg zunächst als Beamter des Fürstamtes in den Buchsgau gekommen war und dann in Rumisberg Grundbesitz erwarb.

Dieser Ansicht über die Herkunft des Geschlechtsnamens „Anderegg" steht jedoch eine andere gegenüber, die auch eine gewisse Berechtigung zu haben scheint:
Im Schweizerterritorium wurden schon im Mittelalter Berggrate, Hügelvorsprünge and Vorsprünge an Flussläufen mit "Egg", französisch

"Crêt" oder "Crest", romanisch "Cresta" oder "Crasta lateinisch "Crista", bezeichnet. Burgen an solchen Standorten wurden seit dem XII. Jh. oft mit Namen belegt, die auf „Egg" Bezug nehmen: Baldegg, Birsegg, Blidegg, Brunegg, Buchegg, Dornegg, Forstegg, Glarisegg, Heidegg, Laubegg, Liebegg, Manegg, Reussegg, Rheinegg, Sandegg, Simmenegg, Steinegg, Wildegg und Windegg. Wie in Bazenheid (Toggenburg) ein Schloss "An der Egg" hiess, so gab es in Jussy (Staat Genf) ein Schloss "Le Crêt"; das Schloss in Jussy war bis Ende XVIII. Jh. Sitz einer Seigneurie, welche zeitweilig den Micheli gehörte; Jacques B. Micheli du Crêt (1690-1766) war bernischer Staatsgefangener auf der Festung Aarburg.

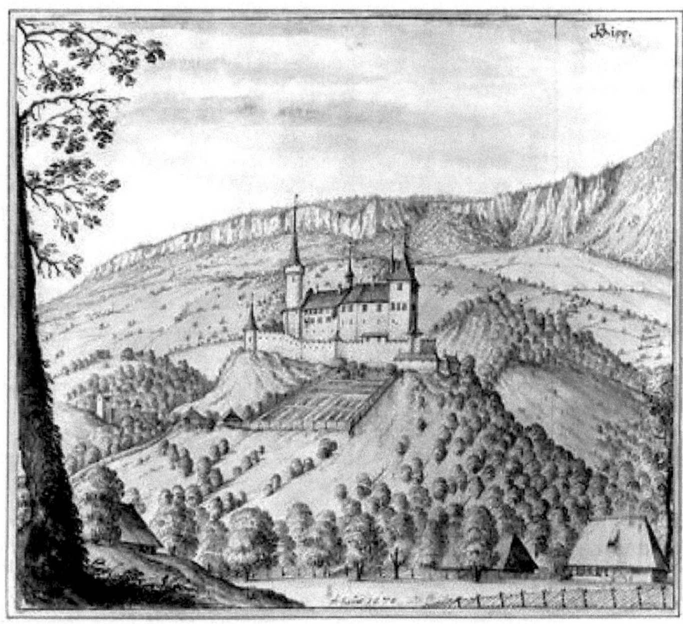

Abb. 20   Das Schloss Bipp (Aquarell von Albrecht Kauw, 1670,   im Bernischen
           Historischen Museum)

Auch ein Kloster hatte den Namen "Crêt" erhalten; dasselbe   wurde 1136 bei der oberen Egg der heutigen waadtländischen Gemeinde Les Tavernes errichtet und war bald der Mittelpunkt eines Klosterstaates. Das Zisterzienserkloster Haut-Crêt (im Patois: Ocrê, auch Ocrest), Monasterium Cisterciensis "Alta Crista" welchem das Rebgelände Dézaley gehörte, ging 1536 an den Staat Bern über. Das Kloster wurde säkularisiert und aus dem Klosterstaat zunächst ein Stiftsamt und 1557 mit zwei Herrschaftsgebieten die Bailliage d'Oron errichtet.

Auch in Städten gab es schon früh Lokalitäten welche an der Egg hiessen. Als 1125 Kaiser Lothar III. sich in Luzern aufhielt, wohnte er im Haus zum Pfauen **an der Egg**[37].

Als sich unter der Diktatur Frankreichs 1798 die eine und unteilbare Republik Helvetien organisierte, wurde in der Division provisoire du Canton d'Oberland (Loi du 20, Juin 1798 beim Distrikt Oberhasle die **Ortschaft an der Egg**, in der Division provisoire du Canton du Valais (Loi du 20 Juin 1798) beim Distrikt Ernen eine **Ortschaft an der Eggen** aufgezählt. Das **Bergdörfchen an der Egg** in Gadmen bestand damals noch, wurde aber 1817 von einer Lawine von Radolfshorn zerstört, als seine Hauser und Scheunen nach einem vorangegangenen ähnlichen Unglück kaum wieder aufgebaut waren. Hingegen ist von Goms keine Ortschaft an der Eggen bekannt; es handelt sich hier offenbar um eine Verwechslung zwischen dem Familiennamen „an der Eggen" der meisten Bewohner mit dem Ortsnamen "Obergesteln"; Obergesteln fehlt nämlich in jenem Gesetz. - Am 31. August 1597 wurde am Simplon das Dorf auf der Egg durch einen Bergsturz zerstört.

In Wattwil (SG) gibt es keinen Weiler an der Egg mehr; dagegen kommen noch Lokalitätsnamen an (auf) der Egg in Sarnen & Kerns vor. In Rumisberg hiess vermutlich der Hof des Stammvaters dar Oberaargauer Anderegg Hof "an der Egg", was aber nicht urkundlich bewiesen ist, man kann es jedoch daraus folgern, dass der Alp "Hinteregg" eine "Vorderegg" oder "an der Egg" gegenüberstand.

Wie die ersten Besitzer der Burgen und Schlösser mit dem Namen auf "Egg" sich nach diesem Namen nannten, so können sich ebenso gut Bauern in Sarnen, Kerns, Gadmen, Wattwil und Rumisberg, den Geschlechtsnamen nach ihren Gehöften (also an der Egg) gewählt haben und so wäre der Familienname **an der Egg** an verschiedenen Orten, unabhängig voneinander, aufgekommen. Die Ansicht, dass die Geschlechtsnamen häufig von Lokalnamen herrühren, ist heute die vorherrschende. Man könnte allerdings auch sagen, dass die Geschlechtsnamen auf Lokalitäten übergetragen wurden.

Eigentümlich berührt es, dass moderne Geschichtsforscher die Geschlechts-namen-Ableitung von Lokalitätsnamen als die einzig richtige hinstellen, während sie selbst Lokalitätsnamen auf sagenhafte Personennamen der germanisch-alemannischen Einwanderung wie Bipp von "Bippo", zurückführen möchten. Da auch Walser-Kolonien den **Lokalitätsnamen an der Egg** aufweisen, so die Kolonie im Bregenzerwald ein **Dorf an der Egg** und die Kolonie Obersaxen einen **"Hof" (Weiler) an der Egg** (romanisch "Largera"), so rührt hier dar Name von Kolonisten an der Egg (Eggen) von Goms her, indem die Gommer diese Kolonien begründet haben sollen. Das **Dorf an der Egg** im Bregenzerwald bildet mit Andelsbuch, Schwarzenberg und Bezau „Viertelsgerichte"; an der Egg hängt nunmehr mit Andelsbuch

---

[37] Stadlin Franz Carl, Geschichten der Stadtgemeinde Zug, 1. Tl, Bd. IV, S. 62 (1824)

zusammen und sie werden gemeinsam auch mit Andelsbuch an der Egg bezeichnet.

Ausser den bereits genannten Lokalitäten an der Egg gibt es noch: ein **Dorf an der Egg** in der Gemeinde Röthenbach i/E., einen **Weiler an der Egg** in Itramen-Grindelwald, einen **Weiler auf der Egg** in Zweisimmen und einen solchen in Oberschrot (Kt. Freiburg), **Gehöfte an der Egg** in Vorderfultigen-Rüeggisberg und in Mastrils, **Gehöfte an der Eggen** in den Gemeinden Adelboden und Gründen-Ausserberg, einen **Bauernhof Obermatt an der Egg** in Schüpfheim. Sodann kommt an der Egg auch, als Flurname vor, so in der Gemeinde Flaach (bewaldete Halde des Worrenberges).

Abb. 21 Der Weiler ‚an der Egg‘ (Häusergruppe am „Mälboimgraben“) in Grindelwald auf der Siegfriedkarte von 1900.

Das dem deutschen „An der Egg“ entsprechende „Cresta“ oder „Crasta“ findet sich ebenfalls als Lokalname. Das Bergdörfchen Cresta in Avers hat die höchstgelegene Pfarrkirche der Schweiz (1963 m.ü.M.) und das Dorf Crasta im Fexerthal (Gemeinde Sils i./E.) die höchstgelegene reformierte Filialkirche (1948 m.ü.M.). Im alten Staatenbund der drei rhätischen Bünde gab es auch in der Kirchgemeinde St. Antönien einen **Weiler an der Egg**. Dieser, unterhalb des Eggbergs gelegene Weiler heisst jetzt "Maierhof".

Um nochmals von den an der Egg genannten Stätten der Kultur (Dörfer, Weiler, Höfe, Fluren) auf die mit "Egg" bezeichneten Formationen der Natur zurückzukommen sei hier eine Stelle aus einem in Oberhasler Mundart gehaltenen Gedicht: "Alpelti, mys Bergli" (Bund, Oktober 1925) zitiert:

"I gsehn di friej und schpat,
gsehn d'Rosi (Alpenrosen) zindten **a der Egg**
und's Abenrot am Grat."

Die politischen und wirtschaftlichen Verhältnisse, unter denen Träger des Namens Anderegg lebten, machten im Zeitverlauf grosse Wandlungen durch, die hier kurz angesprochen werden sollen.

Zur Zeit der ersten Kunde vom Geschlecht an der Egg (XIII. Jh.) bestanden in Obwalden, Oberhasle und Goms reichsunmittelbare, in den Landen Froburg (Buchsgau mit der Landschaft Bipp) und Toggenburg grundherrschaftliche Markgenossenschaften. In ersteren waren die Bauern Grund-"Besitzer" und -"Eigentümer" hatten aber dem allgemeinen Heerbann Folge zu leisten. In letzteren waren sie nur Grund-"Besitzer", weil ihre Vorfahren freiwillig das Grund- "Eigentum" einem Würdenträger übertragen hatten, um sich unter dessen Schutz und Schirm zu stellen (Seniorats--System im Milizwesen) und von ihm seit 1037 (Constitutio de feudis) den bewirtschafteten Boden im erblichen Lehen hatten. Der freiwillige Verzicht auf das Grundeigentum war zur fränkischen Zeit (496-919, bzw. 888) von der Kirche befürwortet worden, indem dadurch der Paulinische Grundsatz der Familien- auf eine Grundherrschaft Unterstützungspflicht erweitert werden konnte. Eine kleine Grundherrschaft hatte sich auch innerhalb Goms gebildet, die Grafschaft Biel; sie konnte sich nur bis zum 13. Jh. halten, hatte aber die Nachwirkung, dass die Landschaft Biel, in welcher es auch an der Egg (Eggen) gab, noch innerhalb das im 14. Jh. entstandenen Staates (Zehnen) Goms ihren eigenen Amtmann und eine besondere Gerichtsbarkeit hatte.

Den freien Bauern der Markgenossenschaften in Uri, Schwyz, Stans-Buochs und Obwalden machten Klöster, welche hierin vom Bischof von Konstanz und vom Landgrafen (Regierungsstatthalter) des westlichen Zürichgaues unterstützt wurden, in der Ausübung ihrer Rechte Schwierigkeiten. 1240 nahm das Kloster Einsiedeln einen alten Streit mit Schwyz um ein Grenzalpgebiet (Marchenstreit) wieder auf, und da sich Uri und Stans auf Seite von Schwyz gestellt hatte zog dies den drei Markgenossenschaften das, freilich von ihnen nicht beachtete, päpstliche Interdikt zu. Landgraf Rudolf von Habsburg wollte hierauf den Schwyzern die Anerkennung der Reichsunmittelbarkeit entziehen, weshalb sie um Mitte 13. Jh. mit den Urnern und Stannern ein Schutzbündnis eingingen. In Uri hatte die Fraumünsterabtei Zürich, in Unterwalden das Kloster Murbach, mit Filiale St. Leodegar Luzern, durch Kolonisationen Zinsgüter. Rudolf von Habsburg, seit 1273 König des deutschen Reiches und seit 1282 unter dem Namen "Oesterreich"-Habsburg dem Reichsfürstenstand angehörend, erwarb 1291 die Murbachsche Grundherrschaft im Zürichgau. Am 1. August 1291 wurde aus Furcht, dass Unterwalden (Stans-Buochs-Obwalden), welches noch ohne ausdrückliche Bestätigung der Reichsunmittelbarkeit war, ganz österreichisch werden könnte, das alte Bündnis der drei Waldstätte auf ewige Zeiten eidlich beschworen (lateinischer Bundesbrief, für Unterwalden von der Universitatis hominum de Stannes besiegelt). In Unterwalden wurde jetzt die Landesverwaltung (Landammann-Landsgemeinde) eingeführt; am 3. Juni 1309 erhielt auch diese Waldstatt vom Kaiser die Gleichstellung mit Schwyz. Der Bund, welcher nach der Morgartenschlacht zu Brunnen am 9. Dezember 1315 erneuert wurde, begründete die schweizerische

Eidgenossenschaft und brachte die Entwicklung der drei Waldstätte zu Staaten. **Das Geschlecht „an der Egg" in Obwalden gehört somit zu den ältesten der Schweiz**.

Die agrarische Verfassung der drei Waldstätte wurde von den grundherrschaftlichen Markgenossenschaften zum Vorbild genommen. Der erbliche Grundbesitz ging wieder in das Privateigentum über und an Stelle der Bodenzinse trat, die zwar noch "Bodenzins" geheissene Grundsteuer an den Staat - und an Stelle der Gerichte der alten Markgenossenschaften (Gerichtsgemeinden) die Staatsrechtspflege. In den beiden Gerichtsgemeinden des Berner Bipperamtes gab es freie Bauern und in Tauern und unehelichen Hörige. Am 7. Februar 1508 bezahlte das Bipperamt dem eidg. Ort Bern 3000 Pfund für den Loskauf der Leibeigenschaft (Hofhörigkeit).

Die Bauern als Grundbesitzer hatten einzig in der Form des Zehnten, der aber nicht überall in den gleichen Ausmassen war, die Kirchensteuer zu entrichten. Anfangs des 16. Jh. wollte Zwingli den Zehnten wieder der Zweckbestimmung, den er in der patristischen Zeit hatte (hauptsächlich für das Armenwesen), zuführen, was ihm die Bahn für seine Kirchenreform in bestimmten Gegenden ebnete.

Vor der Kirchenreform hinweg gibt es katholische und reformierte Anderegg. Im Oberhasle standen sich bezüglich der Einführung der Reformation zwei Familien an der Egg gegenüber, die Familie des Fabian an der Egg war dafür, die des Michel an der Egg dagegen.

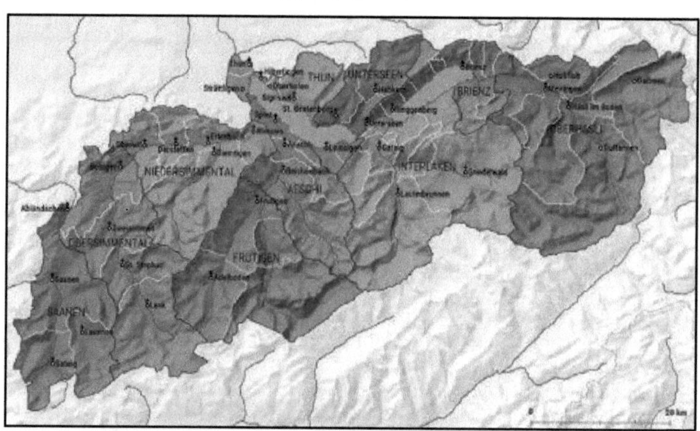

Abb. 22   Der „Kanton Oberland" (1798-1801) der Helvetik, mit zehn Distrikten, Kirchgemeinden und Agentschaften. Die ‚an der Egg' lebten schon in der damaligen Zeit im östlich gelegenen Oberhasli. [38]

---

[38] Bild: Adelboden – Geschichte und Geschichten [hiimatbrief.wordpress.com]

Innerhalb von Gerichtsgemeinden war das Gemeinland zur Nutzung an territoriale Abschnitte (Territorialgemeinden) zugeschieden. Zunächst bestand für die Angehörigen der Gerichtsgemeinden die Freizügigkeit. In einzelnen Gegenden, wie im Bipperamt, schlossen sich aber schon im 16. Jh. die Nutzungsberechtigten ab (Realgemeinden). Schon vor der Abschliessung hatte sich die Territorialgemeinde Rumisberg geteilt (Rumisberg und Farnern, 1511), wobei zwei Söhne von <u>Hanns an der Egg</u> in Farnern Nutzniesser wurden. Die Folge der Abschliessung war die Umwandlung der territorialen Realgemeinden in Burgergemeinden.

Nach der von der eidg. Tagsatzung den Behörden der seit der Reformation "Kantone" genannten Staaten und der Mediatlande der Schweiz gegebenen Maxime des Armenheimschubs (bernische abschliessende Vollzugsverordnung von 1690) wurde die Niederlassung in den Burgergemeinden nicht mehr so streng kontrolliert, dagegen die Aufnahme ins Burgerrecht gleich wie in den Staaten mit Landsgemeinden (Toggenburg usw.) erschwert. Die Einbürgerung von Kantonsfremden erfolgte erst gestützt auf die Naturalisation (Kantonsbürgerrecht).

Aus der schweizerischen Revolution 1798 ging die sich wieder auf das Einwohnerprinzip (Munizipal-Gemeinden) in der politischen GebietsEinteilung stützende helvetische Republik hervor. Im Hinblick auf das Armenwesen mussten aber auch in diesem Einheitsstaat die Burgerschaften (Burgergemeinden und Landburgerschaften) beibehalten werden. Im Staatenbund Schweiz 1803-48 und seit 1848 im Bundesstaat war dann dieses helvetische Prinzip aufgenommen worden und die Behörden der Einwohnergemeinden sind mehr die Staatsorgane. Mit der Entwicklung der Schweiz zum Industriestaat wurde die Freizügigkeit noch mehr erleichtert. Träger des Namens Anderegg hatten sich zwar auch schon in früheren Zeiten an fremden Orten niedergelassen. So gab es in der Stadt Luzern anfangs XV. Jh. einen Wirt Heini an der Eggs offenbar aus Obwalden, dem laut Luzerner-Ratsbuch 1421 bei 5 Pfd. Busse verboten wurde, „Karten im Hus zu haben und spielen zu lassen". Auch Gommer an der Egg liessen sich in anderen Gegenden des Wallis selbst in solchen mit französischsprechender Bevölkerung (z.B. in St Luc) nieder. Auch Töchter an der Egg kamen schon früh durch Heiraten nach auswärts, so kam eine <u>Salomé an der Egg</u> von Wattwil als Frau des Pfarrers Rudolf Seelmatter 1767 nach Oberbipp, wo ihr Mann bis 1785 amtete. - Heute finden sich Vertreter des Geschlechts Anderegg fast in allen Kantonen. Bäckermeister <u>Ernst Anderegg</u> in der Stadt Bern ist beispielsweise kein Oberaargauer, auch kein Oberhasler, sondern ein Toggenburger.

In der Helvetik wurde die ehemalige Landvogtei Bipp dem bernischen Distrikt Wangen zugeteilt. Die Landschaft Bipp verblieb auch bei allen späteren Neueinteilungen der Gebiete beim Amtsbezirk Wangen. Die acht auf der linken Seite der Aare gelegenen politischen Gemeinden der früheren Landvogtei Bipp gehören also heute zum Amtsbezirk Wangen des Kantons Bern in der Schweiz.

Das Geschlecht Anderegg ist mit dem Volksleben bestimmter Schweizergegenden so verknüpft, dass der Name typisch in der schweizerischen Belletristik gebraucht wird. In „Bernbiet" (1919) sind <u>Dresli Anderegg und Menk Anderegg</u>, in Paul Ilgs Novelle "Tobelvolk" (1915) <u>Heinrich Anderegg</u> und in Johannes Jegerlehner's Roman "Bergführer Melchior" (Berlin 1929) <u>Melchior Anderegg</u> Hauptpersonen. In der Wende 19./20. Jh. hatte ein Ausländer, Mann, in einem Roman die Schweizernamen Anderegg und Juvalta verwendet. - Von Ausländern ist Anderegg auch schon als Künstlerpseudonym gewählt worden; z.B. traten in Bern im Januar 1933 die Akrobatiker "Brothers Anderegg" auf.

Im Sport taten sich auch einzelne Vertreter des Geschlechts Anderegg hervor, zunächst im Schwingen, dann aber im Skifahren, im Automobil-Wettrennen und im Pferdewettrennen:

Auf der Alp "Kaiserstadt" (Käserstatt) in der Gemeinde Hasleberg wurden vor Jahren schon an den "Stadt-Dorfeten" (Aelplerfesten) jeweilen am ersten August-Montag Schwinger-Wettkämpfe zwischen Obwaldnern und Oberhaslern abgehalten, bei denen sehr oft ein Meiringer Anderegg Sieger blieb. Am ersten grossen Schwingfest auf der Berner Schanze am Ostermontag 1857 befand sich unter den sieben Siegern des Ausschwingets um die Schafe das Brüderpaar <u>Peter und Hans Anderegg</u> aus Meiringen[39]. Am kantonalen Schwingfest in Langenthal vom August 1928 war der Sennenschwinger Anderegg aus Brienz einer der besten, und seither steht auch <u>Hermann Anderegg</u> von Meiringen in den vordersten Reihen der Schwinger. An ostschweizerischen Schwingfesten, so am bündnerisch-glarnerischen von 1933, ist <u>Ulrich Anderegg</u> von Seebach-Zürich ein gefürchteter Partner. - Im Skisport errang <u>Hans Anderegg</u> von Ebnat der seit 1931 an den schweizerischen, ostschweizerischen und toggenburgischen Skirennen stets in der vordersten Reihe stand, am schweizerischen Skirennen in Andermatt 1934 die ostschweizerische Meisterschaft, Auch <u>Emil Anderegg</u> von Ebnat befindet sich seit 1932 jeweilen an der Spitze der Junioren der ostschweizerischen und der toggenburgischen Verbands-Skirennen. Am ostschweizerischen Skirennen vom 14. Januar 1934 machte sich auch <u>Ernst Anderegg</u> von Herisau unter den Junioren mit seinem Erfolg bekannt. - Als der Automobil-Rennsport in der Schweiz aufkam, während den ersten Jahren <u>Hans Anderegg</u>, Restaurateur in Genf, ein ausgezeichneter Renn-Fahrer und er errang erste Preise. An den letzten bernischen Pferdewettrennen beteiligte sich Kavallerie-Oberleutnant <u>Peter Anderegg</u> von Meiringen, Adjutant des Dragoner-Regiments 3, mit seinen Pferden erfolgreich.[1]

---

[39] Schärer R., Zur Geschichte des Schwingwesens

4. Ortschaften mit grosser Bedeutung in der Andereggschen Familien-geschichte

Nachdem im Kapitel 2 das geschichtliche Umfeld beleuchtet wurde, in dem sich die Teilstämme der Andereggschen Namensträger entwickelt haben, geht es im vorliegenden Kapitel darum, die Geschichte der Anderegg-Familien in den einzelnen Ortschaften, in denen diese vor dem Jahre 1800 eingebürgert und/oder hauptsächlich wohnhaft waren, aus der Nähe zu betrachten. – Die Ortschaften werden in alphabetischer Reihenfolge aufgeführt.

Abb. 23   Attiswil aus der Vogelschau[40]

4.1. Attiswil

Die Gemeinde Attiswil stösst im Nordosten an Fernern Osten an Rumisberg and Wiedlisbach, im Süden an Wangen und Westen an die solothurnischen Gemeinden Flumenthal, Hubersdorf, Kammersrohr und Günsberg. Ihr Areal beträgt 764,54 ha.

1910 wurden für die Gemeinde ermittelt: 148 Wohngebäude, 204 Familien und 97 Einwohner. Das Dorf liegt auf 471 m.ü.M. und steht an der Strasse Solothurn-Olten. Neben dem Dorf gibt es noch folgende Lokalitäten: Alpfelenhof, Bleuerhof, Böglihof, Falchsrüti, Gerberhof, Gründen, Siggernsäge, Reckenacker. Spätismatt, Teuffelen, Weidli und Welschen-moos. Am Berg sind zwei frühere Siedlungen verschwunden, nämlich Schindelholz und Rottannenhof.

---

[40] Foto: yoursfotography.ch

4.1.1. Personen im Laufe der Zeit

Das Geschlecht ‚Anderegg' kam mit dem Enkel Hanns des Stammvaters <u>Hanns an der Egg</u> in Rumisberg nach Attiswil. Dieser Hans an der Egg war der Sohn des Antoni; er hatte 13 Kinder, von denen sechs Söhne Familien begründeten. Der drittjüngste Sohn, Peter, hatte hinwieder drei Söhne, welche nun aber als Burger der Gemeinde Attiswil auftraten. Der jüngste der verheirateten Söhne des Hanns, Hanns (mit vollem Namen Hanns Jakob), wurde als Kronenwirt in Wangen zunächst Hintersasse dieser Stadt, dann Burger derselben.

Als Burger von Attiswil kommen somit die drei Söhne des Peter (Cunrad, Hanns und Christen) in Betracht. Die Linie Cunrad erlosch mit dessen Hinschied, die Linie Christen mit der dritten Generation. - Die ersten sieben Familien, welche in Attiswil wohnten, waren Hintersässen und gehörten noch zu den Rumisberger Anderegg.

Die Genealogie gestaltet sich bis zur Anlegung des Burgerrodels (1822) für die Anderegg Attiswil wie folgt:

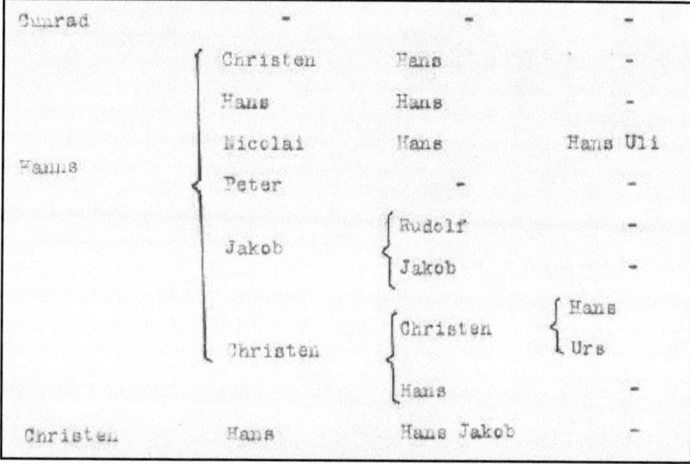

Abb. 24 Nachfahrenbaum der „Attiswiler Anderegg".

Wie ersichtlich, kamen 1822 nur wenige Familien Anderegg in den Burgerrodel. Zudem wanderten Attiswiler Anderegg auch nach Amerika aus. Es ist daher erklärlich, dass auf Anfang der 1930-er Jahre das Burgergeschlecht bloss noch aus zwei vertreten bestand, nämlich den Brüdern <u>Urs und Hans Anderegg</u>. Urs war Landwirt in Attiswil und ist ohne Nachkommen gestorben.

Von den Attiswiler Anderegg sind hervorzuheben:

Amtsweibel <u>Rudolf an der Egg</u> in Attiswil:

Als Sohn von Jakob und Cathrin an der Egg-Weber wurde er im Februar 1709 geboren. Er war zwei Mal verheiratet; die erste Frau war Barbara Schaad, die zweite Maria Meyer-Grogg. Kinder hatte er keine. Er starb am 24. März 1793.

Beim Ehrenempfang des antretenden Landvogts Karl Stettler am 2. 10. 1753, welcher nach Stadtratsbeschluss in Wiedlisbach veranstaltet wurde, nahm Hans an der Egg als "Amtsweibel" teil. - Am 19. Juni 1755 und dann wieder am 14. Mai 1777 befand er sich unter den Vorgesetzten, die dem Landvogt das Gelübde betreffend den Unterhalt der Solothurn-Olten Strasse durch das Gerichtsgebiet Wiedlisbach abzulegen hatten. - Am 16. Juli 1777 reiste Kaiser Joseph II. von Oesterreich mit einem grossen Gefolge von Solothurn nach Basel und machte in Wiedlisbach von 11 bis 5 Uhr einen Halt, um im Gasthof Schlüssel das Mittagsmahl einzunehmen. Von den umliegenden Ortschaften, ja sogar von der Stadt Solothurn, war eine Menge Volks herbeigeströmt; natürlich mussten das Amtspersonal, vorab der Amtsweibel, für den Ordnungsdienst besorgt sein. In der Gaststube des Schlüssels wird diese Episode bildlich dargestellt.

Notar <u>Hans Anderegg-Schwander</u> in der Stadt Wangen a.A.
Haas Anderegg hatte an der Hochschule Bern studiert und gehörte vom Wintersemester 1883/84 bis Sommersemester 1887 der Studenten-verbindung "Concordia" an. In Wangen als Notar niedergelassen, verheiratete er sich mit einer Tochter des dortigen Rössliwirtes Schwander-Stauffiger. Vom Regierungsrat wurde er zum Amtsverweser des Amts-bezirkes Waagen bezeichnet. Später übernahm er die Titelverwaltung der Amtsersparniskasse und wurde hierauf Kassaverwalter. In den 25 ersten Jahren der Elektrizitäts-Genossenschaft Wangen gehörte er ununterbrochen dem Verwaltungsrat derselben an. Notar Hans Anderegg war kinderlos, weshalb mit ihm das Burgergeschlecht Anderegg in Attiswil erloschen ist.

4.2. Farnern

Das im Jahre 1511 von Rumisberg abgetrennte Farnern ("Varneren"), die territorial mit 368,41 ha kleinste Gemeinde des ehemaligen Gerichts-gebietes Wiedlisbach, grenzt im Nordosten an Rumisberg, im Südwesten an Attiswil und im Nordwesten an die solothurnische Amtei Lebern (Günsberg) und an die Oberamtei Balsthal (Herbetswil). 1910 zählte die Gemeinde 37 Wohnhäuser, 57 Haushaltungen und 236 Einwohner. Zum Dorf Farnern, welches die höchstgelegene Gemeinde des Oberaargaus ist (800 m.ü.M.), gehören noch vier Gehöfte (Brunnmatt, Gretismatt, Grossmatt und Schürli). In früherer Zeit gab es im Gemeindegebiet eine noch höher gelegene Siedlung, als es schon das Dorf ist, der Hof Schmiedenmatt (ca.1000 in m.ü.M.); heute befindet sich hier eine Alpweide.

Abb. 25 Farnern liegt auf einer Geländeterrasse mit Aussicht auf das oberaargauische Mittelland.[41]

4.2.1. Personen im Laufe der Zeit

Als der territoriale Abschnitt Farnern mit dem dortigen Gemeinland eine eigene Gemeinde geworden, wurden die Söhne Nicolai und Antoni von Hanns an der Egg Nutzungsberechtigte der neuen Gemeinde. <u>Antoni an der Egg</u> hatte eine Frau von Farnern. Von seinen Söhnen heiratete Hans im Jahre 1579 nach Attiswil. Der jüngere, Peter, wurde ein Opfer der Pest von 1564/65. - <u>Nicolai an der Egg</u> hatte einen Sohn namens Erhard. Derselbe verheiratete sich mit Agnes Roth von der Schmiedenmatt und der aus dieser Ehe hervorgegangene Sohn Bernhard ging mit Anna Allemann von Schmiedenmatt eine Ehe ein. Bernhard hatte nur Töchter, weshalb mit ihm die Linie Anderegg-Farnern im Mannesstamme ausstarb.

Dieser vier Familien an der Egg wegen kam die Meinung auf, das Geschlecht „an der Egg" sei in Farnern verburgert gewesen. Das Burgerrecht kannte man aber dazumal in Farnern noch nicht, sondern nur die Nutzungsberechtigung an Wunn und Weide[42]. Tatsächlich gehören jene vier Familien zu den Rumisberger an der Egg.

---

[41] Foto: farnern.ch

[42] Unter »Wunn und Weid« versteht man das Recht, ein Stück Landes nach Belieben zu nutzen, d.h. es anzusäen und zu ernten (Wunn) oder es zur Weide liegen zu lassen. Einen Hof mit Wunn und Weide verkaufen, heisst, alle angesäten und alle brachliegenden Felder mit dem zu erntenden, d.h. einzugewinnenden (Wunn) oder mit dem abzuweidenden (Weid) Jahresertrag, käuflich abtreten.

4.3. Kleindietwil

Abb. 26   Kleindietwil auf einer alten Postkarte

Kleindietwil war bis zum 31. Dezember 2010 eine politische Gemeinde im Verwaltungskreis Oberaargau des Kantons Bern. Eine Bürger- oder Kirchgemeinde mit diesem Namen existiert nicht. Die ehemalige Gemeinde bestand aus Kleindietwil, Dietwylschynen, Teilen von Weinstegen und weiteren Weilern.
Am 1. Januar 2011 fusionierte Kleindietwil mit Leimiswil zur Gemeinde Madiswil.

4.3.1. Personen im Laufe der Zeit

Im Staatsarchiv des Kantons Bern ist eine 344-jährige Urkunde zu finden, die bezeugt, dass bereits anno 1681 der Müller <u>Urs Anderegg</u> in Kleindietwil ansässig war:

Signatur:	Aarwangen
Fach (Urkunden):	Aarwangen
Entstehungszeitraum:	13.12.1681
Titel:	**Urs Anderegg**, zu Kleindietwil, überlässt der Obrigkeit in Bern, die ihr Zugsrecht geltend macht, für 232 Kronen einen Bodenzins von jährlich 20 Mäss Dinkel, 8 Mäss Mühlegut, 2 Schillingen und 6 Pfennige ab seiner Mühle im Lindenholz. Die 8 Mäss Mühlegut sollen fortan durch 16 Mäss Dinkel

	Burgdorfer Mäss ersetzt werden. Datierung: 13.12.1681 / 23.12.1681
Siegler:	Johann Friedrich Willading, Landvogt zu Aarwangen (I)

[Quelle: https://www.query.sta.be.ch/detail.aspx?ID=24687]

4.4. Koppigen

Die Gemeinde Koppigen bildete mit Alchenstorf, Hellsau, Höchstetten, Willadingen, Brechershäusern und Wil b.K. von 1528 bis 1798 das Gericht und die Kirchgemeinde Koppigen. Dieses Gebiet war dem Landvogt von Wangen und dem Stiftsstatthalter (Amtmann) von Thorberg unterstellt; deshalb wurde es bald der Landvogtei Wangen, bald der Stiftsstatthalterei Thorberg zugezählt. In der helvetischen Republik war das ehemalige Gericht Koppigen eine Munizipal-Gemeinde des Distrikts Wangen des Kantons, bzw. Verwaltungsgebiets Bern. Bei der Konstituierung des Volksstaates Bern 1803 wurde die Kirchgemeinde Koppigen dem Amtsbezirk Burgdorf zugeteilt. Mit Dekret vom 11. Februar 1686 wurde Brechershäusern der Gemeinde Wynigen, mit Dekret vom 21. November 1687 Wil b.K. der Gemeinde Alchenstorf einverleibt. Brechershäusern gehört seither auch kirchlich zu Wynigen.

Abb. 27 Koppigen[43]

4.4.1. Personen im Laufe der Zeit

In der ersten Hälfte des XVIII. Jh. kam das Geschlecht Anderegg von Rumisberg nach Koppigen. Die Beziehungen wurden durch Heiraten eingeleitet. Hans Anderegg, der Sohn von Peter und Katharina an der Egg-Ammeter, verehelichte sich am 22. Januar 1740 mit Elsbeth Walther aus dem thorbergiscnen Gericht Ersigen, der Sohn von Hans und Elsbeth an der

---

[43] Foto: koppigen.ch

Egg-Walther, am 30. Juni 1786 mit Anna Hess von Koppigen. Eine grosse Ausdehnung erlangte das Burgergeschlecht Anderegg Koppigen nicht. Verschiedene Glieder desselben wanderten nach Amerika aus.

Ein <u>Urs Anderegg</u> von Koppigen verheiratete sich am 27. März 1822 in der Kirche zu Oberbipp mit Barbara Egger von Farnern. <u>Hans Anderegg</u> von Koppigen unterzeichnete am 30. Dezember 1830 mit neun anderen Gemeindebürgern eine Eingabe an die Regierung des Kantons Bern für eine liberal Verfassungsrevision, in welcher eine bessere Staatsunterstützung der öffentlichen Schulen und eine anständige Besoldung der bernischen Lehrer gewünscht wird.

Abb. 28   Die alte Drechslerei im Dorfkern von Koppigen

Dia erste Eintragung von Koppiger-Anderegg in den noch vorhandenen Kirchenbüchern ist die Ehe von Marie mit Hans Gruber von Bätterkinden vom 7. Februar 1747. Von Burgern finden sich die Eheschliessungen des <u>Johannes</u> mit Barbara Gruber vom 4. April 1749, von <u>Urs</u> mit Anna Aeby von Obergrasswil vom 10. Mai 1765, von <u>Johannes</u> mit Barbara Schneider von Koppigen vom 6. Juni 1777, von <u>Johannes</u> mit Marie Grossenbacher von Hasle b.B. vom 15. November 1812 und von <u>Johann Jakob</u> (Johannessen) mit Verena Flückiger, Huttwil, vom 20. September 1614. - Von <u>Johannes</u> und Barbara an der Egg-Gruber wurde ein Mädchen Barbara am 5. Juli 1750 getauft. – Im Taufrodel von 1779-1802 finden sich bloss Kinder von zwei Familien an der Egg eingeschrieben: von <u>Johannes an der Egg-Schneider</u> Johann Jakob (get. 20. Februar 1780), Johannes (geb. 6. März 1783), Anna Barbara (geb. 2. Dez. 1785), Verena (geb. 3. Nov. 1788), Elisabeth (geb. 31. März 1790), Urs (get. 25. Okt. 1792, gest. 26.1.1872), Magdalena (get. 16. Aug. 1795) und Samuel (get. 1797); von <u>Hans an der Egg-Knuchel</u> Anna

Maria (geb. 6. Mai 1790) und Johannes (get. 13. Juli 1792 - Taufzeuge: Chorrichter <u>Urs an der Egg</u> in Koppigen).

1758 gab es in Koppigen vom Geschlecht „an der Egg" vier Haushaltungen: Chorrichter <u>Mathys und Barbara an der Egg-Baumberger</u>, <u>Niklaus an der Egg</u> (Witwer von 60 Jahren), <u>Jakob und Anna an der Egg-Schneider</u> und alt Ammann <u>Hans und Verena an der Egg-Ingold</u>. - Die Anderegg in Koppigen spielten eine Zeit lang eine wichtige Rolle. Heute gibt es nur eine Familie, bloss im Eggen. Eine zweite Familie zog vor einiger Zeit nach Langnau i.E. (1964).

4.5. Oberbipp

Die Grenzgemeinden von Oberbipp sind im Westen Rumisberg, im Südwesten Wiedlisbach und Walliswil-Bipp I im Osten Bannwil und Niederbipp und im Norden Wolfisberg. Oberbipp hat das zweitgrösste Gebiet des Bipperamtes (grösser noch ist Niederbipp) und das grösste des ehemaligen Gerichts Wiedlisbach (844, 56 ha).

Abb. 29   Das Dorf Oberbipp[44].

Auf 1. Dezember 1910 wurden für Oberbipp 110 Wohnhäuser, 179 Haushaltungen und 913 Einwohner festgestellt. Die Stein-, die untere und die Weiergasse sowie der Kirchweg und "an der Strasse" werden schon früh genannt. Seit der Eröffnung der Solothurn-Niederbipp-Bahn hat sich um den Bahnhof ein neues Dorfquartier entwickelt. Unweit der Station befindet sich der Gasthof z. Bären, einst auch z. Rathaus genannt. Er hat ein altes Tavernenrecht, weiches noch am 16. Januar 1640 obrigkeitlich bestätigt wurde. Etwas oberhalb des Gasthofes liegt die Kirche der das alte Gericht Wiedlisbach und die Gemeinde Wolfisberg umschliessenden Kirchgemeinde Oberbipp. Die Kirche ist eine der ältesten des Kantons Bern; sie wird auf die Karolinger Zeit zurückgeführt.

Das Schloss Bipp auf einer Anhöhe westwärts des heutigen Dorfs Oberbipp, wurde der Sitz der Grundherrschaft Bipp. - Das Schloss Bipp war von 1463 bis 1798 Sitz des Landvogtes der Bernischen Landvogtei Bipp, im Ganzen

---

[44] fgoberbipp.ch

residierten da 63 Vögte. Im März 1798 wurde das Schloss von den Bauern zerstört; in den 1860er Jahren wurde neben den Ruinen privaterseits ein neues Schloss erbaut. - Dem Wanderer, der auf der grossen Landstrasse vom Grenzort Buchli der beiden Gemeinden Bipp gegen das Dorf Oberbipp zieht, bietet sich ein selten schönes Landschaftsbild: vorn das heimelige Dorf mit der Kirche, darüber das Schloss, dann das Plateau von Rumisberg und im Hintergrund die blauen Kuppen der Wand-, Balm- und Röthifluh. Ausser Buchli finden sich noch folgende Gehöfte: Feld, Gräbli, Gürbel und Reben.

Abb. 30   Das Schloss Bipp[45]

4.5.1. Personen im Laufe der Zeit

Ein Enkel des Stammvaters Hanns an der Egg in Rumisberg, Urs an der Egg, kam als Müller nach Oberbipp. Die Taufe dieses Urs vom 7. 12.1542 ist die erste Eintragung vom Geschlecht „Anderegg" in den Oberbipper Kirchenbüchern. Die Nachkommen des Müllers von Oberbipp wurden Burger der Gemeinde Oberbipp. Die Oberbipperlinie beginnt mit dem Sohn des Urs: Hanns an der Egg. Von 1593 (Verehelichung des Hanns an der Egg mit Barbara Schaad von Oberbipp) bis zur Anlegung des Burger-Rodels im Jahre 1822 gab es 72 burgerliche Familien vom Geschlecht „Anderegg Oberbipp", in der 1. Generation eine (Familie des Hanns), in der 2. vier Familien, der 3. neun, in der 4. sechszehn, in der 5. fünfzehn, in der 6. dreizehn, in der 7. zehn und in der 8. vier.

---

[45] Foto: Jens Reime [mapio.net]

Folgende Familienmitglieder waren Beamte der Amts- und Gemeinde-verwaltung von Oberbipp:

- *Vorgesetzte oder Vierer*: <u>Jost Anderegg der Ältere</u> (1666), <u>Hans Anderegg</u> (1746), <u>Jost Anderegg</u> (1746)
- *Seckelmeister*: <u>Jost Anderegg</u> (1746)
- *Trüllmeister*: <u>Hans Anderegg</u> (1746)

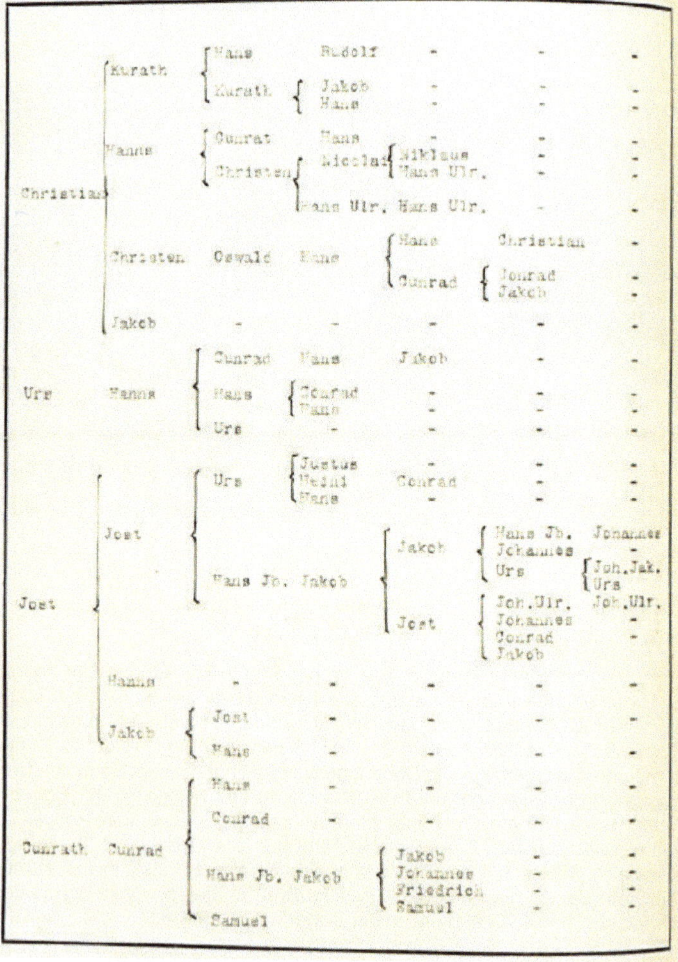

Abb. 31 Auszug aus dem Anderegg-Buch: Oberbipper Anderegg

In der obigen Darstellung (Abb. 31) der Oberbipper Anderegg wurde mit der zweiten Generation begonnen. Die vier Familienväter dieser Generation sowie deren ältester Bruder Hanns Jakob in Madiswil waren alle gemäss Urbar vom Jahre 1666 Grundbesitzer in Oberbipp. Ihre Schwester Barbara verheiratete sich am 9. Januar 1637 mit Ueli Gugelmann von Attiswil, wurde aber schon im gleichen Jahre Witwe; am 25. Juli 1639 ging sie eine zweite Ehe mit Philipp Allemann von Wiedlisbach ein. - Christian an der Egg liess am ersten Tag des Jahres 1701 ein Kind Anna taufen; dieser Tag war aber der 12. Januar, da mit Neujahr 1701 im Kanton Bern der verbesserte Kalender eingeführt wurde.

Abb. 32   Die Mühle in Oberbipp[46]

Von den Oberbipper Anderegg können hier besonders hervorgehoben werden:

Müller <u>Hanns an der Egg</u> in Oberbipp
Er folgte seinem Vater, dem Rumisberger Urs an der Egg, als Müller in Oberbipp. - Der Gemeinde Oberbipp trat er gemäss Spruchbrief vom 27. Oktober/1. November 1625 die Quelle des Bräwertsbrunnens in seinen Matten gegen Tausch mit dem Moosbrunnen zur Dorfwasserversorgung ab. Am 22. März 1634 erhielt er von Bern die Bewilligung zur Einzäunung von sechs Mahd neben der Mühle, um dieses Land teils auf Ackerbau zu benutzen (Mühlacker, Dielisberg und Bräwertsbrunnenrain).

---

[46] Foto: Roland Spring, Oberburg (2007)

Cunrath an der Egg, der "alte Müller von Oberbipp"
(Getauft 10. September 1620, verstorben1. Mai des Jahrs 1696)
Er war der jüngste Sohn des vorgenannten Hanns an der Egg. Mit seinem
Bruder Urs hatte er die Mühle zu Oberbipp übernommen. Die Brüder
erhielten am 5. Februar 1639 die Konzession zur Errichtung eines neuen
Mahlhaufens gegen den jährlichen Bodenzins von einem kleinen Mütt
Mühlegut. - Cunrath gehörte zu den Mitwirkenden beim Übereinkommen
vom 14. April 1665, durch welche. der Hof Wolfisberg zu einer Gemeinde
erhoben wurde.

Jost an der Egg d. Ältere, der Vier von Oberbipp.
(Getauft 4. August 1611, verstorben am 22. April 1673),
Auch Jost wirkte an der Übereinkunft von 1665 betreffend die Erhebung von
Wolfisberg u einer Gemeinde mit. Im Urbar wird neben ihm schon sein Sohn,
Jost an der Egg d.J. (1634-1707), als Oberbipper Grundbesitzer aufgezählt.

Heini an der Egg in Oberbipp.
(Getauft 31. Dezember 1799, verstorben am 26.April 1765).
Seine Eltern waren Urs und Marie an der Egg-am Weg. Am 29. Juli 1724
heiratete er Verena Leist. Die Familie wurde am 15. September 172 von
einem Brandunglück betroffen.

Wirt Hans Jakob an der Egg, Kirchmeier in Oberbipp.
24-jährig verheiratete er sich mit Elsbeth Meyer (Trauung 30. März 1711).
Wie sein Vater, Cunrad an der Egg-Stampfli, sein Bruder, Müller Hans an der
Egg, war auch er Kirchmeier, dazu bekleidete er das Amt eines
Gerichtssässen. An die Kirche Oberbipp katte er laut Kaufbrief von 22. Juni
1741 einen Zine von 15 Pfd. zu entrichten.
Bäcker Jakob an der Egg, Bannwart und Vier von Oberbipp.
(Getauft 24. Februar 1737, gest. 25.Sept.1800).
Schon sein Grossvater und sein Vater waren Bäcker in Oberbipp. Er
verehelichte sich am 24. März 1757 mit Maria an de r Egg von Rumisberg.
Er leistete der Gemeinde als Bannwart und Vier grosse Dienste.

Hans an der Egg in Oberbipp
Er war der jüngere Bruder von Heini an der Egg. 1736 ging er mit Barbara
Reber von Niederbipp die Ehe ein. Von sieben Kindern starben fünf im
jugendlichen Alter. Er war Trüllmeister (Militärinstruktor) von Bipp. Nach
seinem Hinschied verheiratete sich die Witwe mit Oswald an der Egg von
Oberbipp (Kopulation vom 27. Mai 1763).

Jakob an der Egg in Oberbipp
(Geboren 6. Februar 1768, gest. 26. Nov. 1818).
Er war ein Enkel des Wirts und Gerichtssässen Hans Jakob an der Egg. Am
23. Mai 1794 heiratete er Anna Gysin von Hölstein (Landvogtei Waldenburg).
Seine Frau starb am 15. November 1818, er blieb bloss 11 Tage Witwer und
sein Vater, Jakob an der Egg-Schneider, folgte ihm im Tod am
11. Dezember 1818.

Bis zum Jahr 1829 gab es in Oberbipp keine Einwohnergemeinde im eigentlichen Sinn. Das Gemeindegesetz von 1833 machte aber dann eine grosse Neuerung notwendig: Die Gemeinde beschloss, Burgergemeinde und Einwohnergemeinde auszuscheiden. Anschliessend wurde der Einwohnerrat gewählt und 1838 der Ausscheidungsvertrag ausgefertigt. Im Juli 1832 wurde jedoch bereits ein erstes Protokoll erstellt, worin u.a. festgehalten ist, dass Konrad Anderegg, Schreiner, in den sechsköpfigen Gemeinderat gewählt wurde. – Anno 1932 war Gottfried Anderegg Gemeindepräsident, von 1968 bis 1982 Hans Anderegg-Suter und von 1997 bis 2004 Fritz Obi-Anderegg, der von 1981 bis 1994 auch schon Kommandant der Feuerwehr Oberbipp gewesen war.

Am 12. Februar 1962 fand die konstitutionierende Versammlung der Flurgenossenschaft Oberbipp statt. Beisitzer im Vorstand waren Hans Anderegg, der damalige Burgerpräsident und Hans Anderegg-Suter, Gemeinderat und nachmaliger Gemeindepräsident.

Hans Ulrich Anderegg-Winistorf war von 1986 bis 1997 Burgerpräsident.

Siegriste in der Kirche von Oberbipp waren

- Fritz Anderegg, Zimmermann (1922-1954)
- Fritz Anderegg-Vögeli (1955-1977)

Verein «Pro Ortsbild und Landschaftsschutz» (POLO)

Anno 2005 wurde alt Gemeindepräsident Fritz Obi-Anderegg zum neuen Präsidenten gewählt, nachdem das Amt vorher während einigen Jahren verwaist war.

Abb. 33 Altes Schindelhaus des Albert Anderegg-Sommer und der Ida Anderegg (‚Post Ida') um 1930, abgebrochen 1945.[47]

Blaukreuzverein Oberbipp

Hans Anderegg-Obi war Präsident dieses Vereins. Dieser leitete ehren-amtlich auch mit grossem Erfolg den *Gemischten Chor* von Oberbipp, bis zu dessen Auflösung anno 1940.

Samariterverein Oberbipp-Rumisberg-Farnern

Anlässlich der Gründungsversammlung dieses Vereins wurde Fritz Anderegg-Vögeli zu dessen ersten Präsidenten gewählt.

Männerchor Oberbipp

Bei der Gründung im Oktober 1907 wurde Gottfried Anderegg als erster Präsident, Ernst Anderegg als Sekretär gewählt.

Töchterchor Oberbipp

Hedi Anderegg war die erste Kassierin, als dieser Chor im Januar 1918 gegründet wurde.

Turnverein Oberbipp

Bei der Gründung im Spätsommer des Jahres 1916 wurde Werner Anderegg als erster Präsident, Ernst Anderegg als Sekretär gewählt.

Männerriege Oberbipp

Unter der Leitung des ehemaligen Oberturners uns Ehrenmitglieds Erhard Anderegg-Zaugg fand Ende September 1974 eine erste Turnstunde dieser Riege statt.

Gaststätten

Die «Eintracht» wurde ums Jahr 1895 von den Geschwistern Elisabeth und Rudolf Anderegg käuflich erworben. In der Eintracht spielten auch die drei Gebrüder Anderegg zur Unterhaltung auf. Später übernahm Johann Anderegg den Betrieb. Dessen Tochter führte bis zu Ihrer Heirat den Betrieb. Anfangs der 1920er Jahre erwarb Hans Anderegg-Leist das Gasthaus. Rudolf Anderegg, Sohn des eingangs erwähnten Rudolf Anderegg, übernahm anschliessend die Gaststätte in Pacht. – Durch eine Steigerung im Jahr 1929 gelangte Ernst Anderegg-Frei, der Bruder von Rudolf, in den Besitz der Eintracht, bis er diese 1956 an den Weinhändler Rüedi verkaufte. [47]

Metzgerei

Bei der Kirche wohnte gegen Ende des 18. Jh. der Kalberhändler und Metzger Anderegg. Dieser fiel leider ums Jahr 1860 von einem Kirschbaum zu Tode, wonach sein Sohn Jakob den Betrieb weiterführte und zum Lindenplatz umzog. [47]

Abb. 34 „Visitenkarte" der Seilerei Anderegg[47]

Bäckerei

In der Stegmatt hatte <u>Jakob Anderegg</u> um 1800 für seine Dorfkundschaft Brot gebacken. Sein Nachfolger, <u>Durs Anderegg</u>, führte nebenbei noch einen Chrämerladen.[47]

Chrämerladen

<u>Anna Anderegg</u> führte in der ehemaligen Bäckerei in der Stegmatt, heute Steingasse 28, bis zu ihrem Umzug in die «Eintracht» im Jahr 1895 einen Lebensmittelladen. Als Nachfolgerin übernahm ihn <u>Marie Anderegg-Ryf</u>. Anfangs des 20. Jh. wurde er aufgelöst. [47]

Zimmereigewerbe

Friedrich Anderegg betrieb im Jahr 1905 in der Nähe der Kirche ei Zimmerei. Von 1918-1922 übernahm er zusätzlich das Amt des Bannwarts, da er mit seinem Zimmerei-Handwerk nicht voll ausgelastet war. An 1922 betreute er ferner das Sigristenamt. Er übte das Zimmereigewerbe bis zu seinem Tod im Jahr 1960 aus. [47]

Rechenmacher

<u>Johann Anderegg</u> absolvierte in Bannwil die Lehre eines Rechenmachers. Um 1860 begann er in Oberbipp dieses Gewerbe selbstständig zu betreiben.
[47]

Abb. 35 Seiler Eduard Anderegg mit Familie (1924)[47]

Seilerei

Eduard Anderegg begann im Jahr 1904 an der Moosgasse Seilerwaren wie Hälslinge, Wellenseile, Wagenseile u.a. für die Landwirtschaftsbetriebe herzustellen. 1908 erfolgte der Umzug in das Haus an der Unteren Gasse. Bei der Übergabe der Seilerei an Ernst Zurlinden-Anderegg im Jahr 1935 waren sechs Angestellte beschäftigt. [47]

Holzbödenmacher

Ulrich Anderegg, der Bruder des Viehhändlers/Metzgers und des Rechenmachers, fertigte in der Nähe der Kirche Holzböden an. Er begann Ende der Dreissigerjahre des 16. Jh. mit diesem Handwerk. Er übte es bis zu seinem Tod ums Jahr 1897 aus. [47]

Bauunternehmen

Jakob Anderegg, Sohn des Holzbödenmachers, betrieb ab ca. 1895 ein Maurerunternehmen mit Materialmagazin in Boll. Er war hauptsächlich im Buchli beim Bau der Kalkbrennöfen beschäftigt. Sein Bruder Fritz fand bei ihm Arbeit. Jakob Anderegg starb um die Jahrhundertwende. [47]

Mühle

1639 bekamen die <u>Brüder Urs und Conrad Anderegg</u> die Bewilligung, bei ihrer Rybi ob der Mühle Oberbipp einen neuen Mahlhaufen zu errichten.[47]

Dorfnamen von Oberbipp[47]

In früheren Zeiten blieben die männlichen Nachkommen mehrheitlich im Dorf und nahmen auch nach der Verheiratung hier ihren Wohnsitz. Somit wurde es immer schwieriger, die gleichnamigen Familien auseinander zu halten. Dies führte zur Bildung von Dorfnamen. Diese waren nicht etwa Übernamen im abwertenden Sinne; sie dienten hauptsächlich dazu, die oft gleichnamigen Einwohner näher zu bezeichnen. Für die nähere Bezeichnung einer Familie diente entweder der Beruf, die Tätigkeit eines Vorfahren oder dessen Vorname, selten auch der Vorname der Mutter oder Grossmutter:

Dorfname	Familienname
Beck Joggeli Bärtu	Albere Anderegg-Sommer
Becke Hanse Alfi	Alfred Anderegg-Schneeberger
Becke Hanse Fritz	Fritz Anderegg-Känzig / Fritz Anderegg-Speidel (Vater)
Becke Hanse Hans	Hans Anderegg-Ryf
Beppi	Alfred Anderegg-Keller
Bintli Ernst	Ernst Anderegg-Frei
Bünli Hans	Hans Känzig-Anderegg
Dokter-Hans	Hans Anderegg-Suter
Grezer Jakob	Jakob Anderegg-Dreier
Häiler Hans	Hans Anderegg / Jakob Anderegg-Ryf (Vater)
Häiler Otti	Otto Anderegg-Vuillemin
Häiler Rosa	Rosa Anderegg
Häiler Walter	Walter Anderegg
Hedi Ernst (gen. „Fis")	Ernst Anderegg-Sandmeier
Hedi Godi	Gottfried Anderegg-Hofer
Holzbödeler Fritz	Fritz Anderegg-Klaus
Holzbödeler Hans	Hans Anderegg-Gammeter
Lehrers Elise	Elise Anderegg
Obi Sattler Hans	Hans Obi-Anderegg
Obi Sattler Willi	Willi Obi-Anderegg
Olgi Hedi	Hedwig Schaad-Anderegg
Olgi Walter	Walter Anderegg-Haudenschild
Post Ida	Ida Anderegg
Schlossmiu / Brönner	Armin Anderegg-Vaterlaus
Schnider Ernst	Ernst Anderegg-Schaad
Schnider Hedi	Hedwig Anderegg-Känzig (Mutter)

[47] Känzig Bernhard (Red.), Oberbipp und seine Geschichte, S. 130, 261ff, 267, 360f, 366 352ff, 376f, 383ff, 395f (2007)

Schnider Paul	Paul Anderegg-Meyer
Schriner Hans	Hans Schaad-Anderegg
Sebeli Edgar	Edgar Anderegg-Siegrist
Sebeli Erhard	Erhard Anderegg-Zaugg
Sebeli Erwin	Erwin Anderegg-Rihn
Sebeli Kari	Karl Anderegg-Brügger
Seiler-Eduard	Eduard Anderegg
Stöckli Walter	Walter Anderegg-Känzig
Zimmermann Fritz	Fritz Anderegg-Vögeli

Im Rahmen der Festivitäten rund um «Tausend Jahre Oberbipp 968-1968» durfte Gemeindepräsident Hans Anderegg-Suter an der Gesamtklassenfeier auch Jakob Anderegg begrüssen, der mit seinem Jahrgang 1879 der älteste Teilnehmer war.

4.6. Rumisberg

Das Gemeindegebiet von Rumisberg liegt am Südhang der ersten Jurakette, umfasst eine Bodenfläche von 513 ha und erstreckt sich vom Bodenacher (550 m.ü.M) bis zum Höllköpfli (1232 m.ü.M), dem höchsten und schönsten Aussichtspunkt des Oberaargaus. Von diesem aus geniessen wir einen unvergesslichen Ausblick auf die Alpen und in 16 Kantone. Rumisberg wird in einer Urkunde von 1364 mit dem Namen ‚Rumolsberg' erwähnt. Nach einer Sage hiess die Ortschaft "die fette Henne", die durch einen Bergsturz zugedeckt wurde. Bis zum Jahr 1511 bildeten die Gemeinden Farnern und Rumisberg eine Gemeinde. Das Dorf Rumisberg, in der Mundart "Runsperg" genannt, befindet sich auf einer Bergterrasse auf einer Höhe von 650 m, dazu gehören zahlreiche Einzelhöfe und die Siedlungsgebiete Weissacher und Köpfli.

Im südlichen Dorfeingang steht das Haus des Hans Roth. Im Jahr 1382 hat dieser die Stadt Solothurn vor dem von Grafen Rudolf von Kyburg geplanten Überfall gewarnt. Als Andenken und zum Schmuck der Ortschaft steht auf dem Dorfplatz der Hans Roth Brunnen.[48] - S. dazu auch *„Hans Roth, der Retter Solothurns" (S. 69)*

4.6.1. Personen im Laufe der Zeit

Rumisberg ist diejenige Bippergemeinde, in welcher das Oberaargauer-Geschlecht bzw. der entsprechende „Teilstamm Anderegg" seinen Ursprung hat.

---

[48] rumisberg.ch

Abb. 36 Altes Anderegg-Haus in Schoren – Rumisberg. Auf der Fotografie ist das Ehepaar Anderegg-Anderegg (Johannes und Maria, geb. 1875 bzw. 1882)) und drei ihrer Kinder (wahrscheinlich Ernst, Otto und Maria, v.r.n.l.). Das Bild dürfte demnach um ca. 1913 entstanden sein. [1]

4.7. Wangen an der Aare

Zur fränkischen Zeit hatte sich an der Aare gegenüber der Grundherrschaft Wiedlisbach eine Herrschaft Wangen (Wangen-Wangenried-Walliswil) gebildet und, wie in jener, entstand auch um das Herrschaftsschloss in der Wende 13.14.Jh. eine Stadt. Nach der Teilung des fränkischen Reichs (843) gehörte die Grundherrschaft Wangen zum Herzogtum Alemannien.

Auf Kosten dieses Herzogtums Alemannien wurde 888 das transjuranische Burgunderreich bis zum Nordlauf der Aare nach dem Rhein ausgedehnt und der neue burgundische Teil, zu welchem die Grundherrschaft Wangen gehörte, hiess seit 929 "Aargau". 1033 fiel das Burgunderreich dem Heiligen römischen Reiche deutscher Nation, zu welchem sich die fünf ostfränkischen Herzogtümer vereinigt hatten, zu. Das Territorium der heutigen Schweiz, welches unter den Königen von Burgund gestanden hatte, somit auch der Aargau, gelangte zunächst unter das Rektorat der Zähringer. Im oberen Teil des Aargaus, dem Oberaargau, entstand sodann unter der Dynastie der Kyburg-Habsburg eine neue Grafschaft Kyburg ("Neukyburg"), die sich bis in das Berner Oberland ausdehnte (Residenzschlösser: Burgdorf & Thun). 1313 traten die Grafen von Kyburg-Habsburg die Städte Wangen und Huttwil dem Haus Oesterreich-Habsburg ab, um sie nur noch in Lehen zu behalten. 1406/07 erwarb das eidgenössische Ort Stadt Bern durch Kauf von den Grafen von Kyburg-Habsburg Burgund unterhalb der Emme (Oberaargau) Aus dieser Erwerbung wurde die bernische Landvogtei Wangen, mit Amtssitz im Schloss Wangen, errichtet. Nachdem das eidg. Ort Bern 1432 die Freiherrschaft Grünenberg als Landvogtei Aarwangen mit Amtssitz Schloss Aarwangen und 1463 die Herrschaft Bipp als Landvogtei mit Amtssitz Schloss Bipp seinem Staatsgebiet einverleibt hatte, wurde für die drei Vogteien eine gemeinsame Landschreiberei im Schloss Wangen installiert. Das Schloss wurde 1687 neuerbaut.

Abb. 37 Wangen an der Aare

Das Benediktinerkloster Sacra Crux in Trub hatte seit 1257 in Wangen und das Benediktinerkloster St. Peter im Schwarzwald seit 1109 in Herzogenbuchsee je eine Propstei deren Ländereien nach der Reformation zur Erweiterung der Landvogtei Wangen. dienten. Die Landvogtei umfasste fünf unmittelbare Gerichte (Wangen, Bollodingen, Herzogenbuchsee, Ursenbach. und Rohrbach) ein St. Urbanisches Herrschaftsgericht (Langenthal) und die Vogtei der 1364 bernisch gewordenen Stadt Burgdorf (Lotzwil-Thörigen und Grasswil-Oesch); dazu kam dem Landvogt von Wangen ein Mitregierungsrecht an den thorbergischen Gerichtsgebieten Koppigen und Ersigen, welche deswegen zum Amt Wangen gerechnet wurden. In der aus der schweizerischen Revolution von 1798 hervorgegangenen helvetischen Republik bildeten die Kirchgemeinden Wangen, Herzogenbuchsee, Seeberg, Koppigen und Thunstetten mit dem Bipperamt den Distrikt Wangen des Kantons (Verwaltungsgebiets) Bern, mit der Stadt Wangen als Distriktshauptort. - Als sich 1803 der Schweizerkanton (Volksstaat) Bern konstituierte, entstand aus dem Distrikt Wangen, ohne Thunstetten und Koppigen, der Amtsbezirk Wangen, von welchem später Ursenbach und Schwarzhäusern abgetrennt wurden. Amtssitz blieb die Stadt Wangen.

Die Stadt wird erstmals 1313 genannt; die Handveste datiert aus dem Jahr 1501. Sie liegt 422 in m.ü.M. und umfasst ein Areal von 523,07 ha. Am 1.12. 1910 zählte die Stadtgemeinde 169 Wohnhäuser (Stadt: 145), 297 Haushaltungen und 1415 Einwohner. Das Gemeindegebiet hat im Bernerschachen und im Stadthof noch Siedlungen auf der linken Aareseite. Weitere Siedlungen sind: Aarenfeld, Breite, Friedberg, Hohfuhren, Insel, Metzermatt und Rainhof. Das Stadtgemeindegebiet wird begrenzt: im Norden von Attiswil und Wiedlisbach, im Osten von Walliswil-Wangen, im Süden von Wangenried und Deitingen und im Westen von Flumenthal.

4.7.1. Personen im Laufe der Zeit

Das Burgergeschlecht Anderegg kam 1632 durch <u>Hanns Jakob an der Egg</u>, Sohn des <u>Hanns und der Verena an der Egg-Trachsel</u> von Rumisberg in Attiswil nach der Stadt Wangen a.A. - Der von ihm begründete Zweig Anderegg zählte bis 1934 nach den Burgerbüchern von Wangen etwa 100 Familien. Wangen a.A. bildet mi Wangenried und Walliswil-Wangen eine eigene Kirchgemeinde und es figurieren die Wangener Anderegg in den Büchern dieser Kirchgemeinde. Gleichwohl gab es Eintragungen von Wangener Anderegg in den Kirchenbüchern von Oberbipp. Am 1. Dezember 1805 wurde die Tochter Elisabeth von <u>Konrad an der Egg</u> (Wangen) und <u>Anna Maria an der Egg-Leisi</u> aus dem Bauerndorf Attiswil in der Oberbipper Kirche getauft. Ferner werden als Taufzeugen in den Oberbipper Kirchenbüchern aufgeführt: am 16. November 1698 <u>Hanns an der Egg</u> von Wangen bei Hanns Haas von Rumisberg; am 13. Juli 1760 <u>Christine an der Egg von Wangen</u>. Bei Maria Haas von Rumisberg; am 5. April 1764 <u>Franziskus an der Egg</u> von Wangen bei Konrad Siegrist von Oberbipp. Sodann waren in der Kirche von Oberbipp getraut: am 6. Juli 1702 <u>Hans an der Egg</u> von Wangen mit Maria Kentzig von Wiedlisbach; am 7. Mai 1751 <u>Verena an der Egg</u> von Wangen mit Hans Uli Mathys von Wiedlisbach; am 4. Mai 1771 <u>Elisabeth an der Egg</u> mit Samuel Scherer, beide von Wangen a.A.; am 27. November 1807 <u>Johannes an der Egg</u> von Wangen mit dar Tochter Elisabeth des Amtsburgermeisters Johann Jakob Schneider zu Wiedlisbach; am 28. Oktober 1819 <u>Andreas an der Egg</u> von Wangen mit Witwe Barbara Ischi-Kumli von Rumisberg. In der Kirche von Oberbipp wurden verkündigt: 1766 <u>Anna Maria an der Egg</u> von Wangen mit Urs Born aus Farnern (Vermählung in Herzogenbuchsee am 23. April 1766); 1792 <u>Marie an der Egg</u> von Wangen mit Abraham Kopp von Wiedlisbach (Vermählung in Bremgarten b.B. am 26. Juli 1792).

Signatur:	**Wangen**
Fach (Urkunden):	Wangen
Entstehungszeitraum:	21.05.1714
Titel:	M.G.H. zu Bern überlassen durch ihren Landvogt zu Wangen an <u>Hans (Johann) Anderegg</u>, Burgermeister zu Wangen an der Aare, die "Rämismatt" (2 Mahd) ausserhalb des Städtleins Wangen und einen Schachen am "Stadfeld" und tauschen dafür zuhanden des Schlosses Wangen einen Einschlag (3 Mahd), genannt "die Au", ein. Hans Anderegg erhält noch 50 Gulden Nachtauschgeld.
Siegler:	Johannes Jenner, Landvogt zu Wangen (I)

[Quelle: https://www.query.sta.be.ch/detail.aspx?ID=70929]

Von den Anderegg Wangen sollen hier noch besonders erwähnt werden:

Kronenwirt <u>Hanns an der Egg</u> in Wangen.
(getauft 14. Dez. 1595). Als Rumisberger Burger erblickte er das Licht der Welt in Attiswil. Er übernahm 1522 den Gasthof zur Krone in der Stadt Wangen a.A. als Hintersass. Zehn Jahre später kaufte er sich mit 100 Pfd. in das Wanger Burgerrecht ein. Bei dar Burgeraufnahme schenkte er der Burgergemeinde Wangen einen silbernen Becher. Deli Gasthof führte er bis 1638. Von 1636 bis 1539 war er Burgermeister

Rössliwirt <u>Hanns an der Egg</u> in Wangen
Er figuriert im Bodenzinsurbar des Schlosses Tipp von 1666 unter den Abgabepflichtigen von Wiedlisbach.

Schlüsselwirt <u>Samuel an der Egg</u> in Wiedlisbach.
Als Hintersass zu Wiedlisbach war Samuel an der Egg von Wangen a.A. von 1700 bis 1731 Wirt und Besitzer des Gasthofes zum Schlüssel. Als Hintersässengeld hatte er der Stadt Wiedlisbach jährlich 4 Kronen zu entrichten. Er war seit 1700 mit Verena Freudiger verheiratet. Der Ehe entsprossen drei Kinder: Johannes (getauft am 30. Juli 1702; Hans Jakob (getauft am 15. März 1705) und Barbara (getauft am 1. Juli 1708). Die Tochter heiratete Messerschmied Johannes Muhler in Wiedlisbach.

Schlüsselwirt <u>Hans Jakob an der Egg</u> in Wiedlisbach.
1731 übernahm er den bis dahin von seinem Vater geführten Gasthof zum Schlüssel in Wiedlisbach. Als Eintrittsgeld für die Aufnahme als Hintersäss hatte er 1731 jedem Burger von Wiedlisbach 1/2 Mass Wein und für einen halben Batzen Brot zu verabfolgen. Sein jährliches Hintersässgeld war anfänglich auf 4 Kronen festgesetzt worden, später wurde ihm eine Krone pro Jahr erlassen. 1727 trat er mit Anna Katharina Schmid in den Ehebund. Es wurden ihr in der Kirche zu Oberbipp drei Töchter und ein Sohn getauft, von denen er den Sohn und die jüngste Tochter im Kindesalter verlor. 1738 übergab er den Schlüssel dem Mathias Schaad von Oberbipp in Lehen.

Chorrichter <u>Hans an der Egg</u> in Wangen a.A.
Er war beim Vergleich vom 9. März / 8./9. April 1789 über den Unterhalt der neuen Strasse Wiedlisbach-Wangen einer der Mitwirkenden. Die Strasse durch das Moos wurde im Jahre 1785 erstellt. Die alte Strasse vom Stutzboden-Ester bis zum Einlauf in die neue wurde auch noch weiter benützt und unterhalten.

<u>Frau Burkhalter-an der Egg</u> in Grasswil-Seeberg.
Ihr Mann war Lehrer Urs Burkhalter. Sie hatten einen Sohn, Josef (1787-30.9.1866); dieser Sohn bewirtschaftete das vom Vater erworbene Bauerngut "Fluhacker" bei Niederönz. Als Vikar zu Herzogenbuchsee von 1824-29 lernte ihn Albert Bitzius, der oberaargauisch-emmentalische Volksschriftsteller Jeremias Gotthelf kennen und befreundete sich mit ihm. Bitzius erhielt von Burkhalter immer wieder Anregungen zu seinen Erzählungen. Joseph Burkhalter wurde 1840 Amtsrichter und bald darauf Mitglied des bernischen grossen Rates, welchem er bis 1846 angehörte.

Amtsgerichtsschreiber <u>Johann Heinrich Anderegg</u> in Wangen a.A.
(Geb. 30. Juni 1800, gest. 28. Januar 1876)
Nach Erwerbung des Notariatspatentes begann er seine öffentliche
Wirksamkeit als Altsgerichtsschreiber von Wangen. Er wurde dann den
Berner Grossen Rat gewählt, wo man ihm nachrühmte, dass er sich nie
durch Parteiparolen hatte beeinflussen lassen. In der Stadt Wangen war er
Gemeindepräsident und Mitglied der Schulkommission. Der Armen-
erziehungsanstalt des Amtsbezirkes Wangen war er nicht bloss der Gründer,
sondern während vielen Jahren die Stütze. Als Kirchen-Vorstandspräsident
konnte er den rechten Moment erfassen, am zwischen Staat Bern und
Kirchgemeinde Wangen einen Vertrag betreffend die Kirche und das
Kirchengut abzuschliessen, wodurch Wangen zu einem ansehnlichen
Kirchenvermögen gelangte. - Ein von Pfarrer Walther in Wangen verfasster
Nekrolog über Amtsgerichtsschreiber Anderegg erschien in der Nummer
vom 26. Februar 1876 des Volksblattes für die reformierte Schweiz.

Die Hafner Anderegg

Die beiden Hafner **Johann Jakob Anderegg**, <u>Vater (1809–1875) und Sohn
(1834–1894)</u> mit demselben Vornamen, waren nicht nur tüchtige Ofenbauer,
sondern auch begabte Maler. Beide haben grosse Reisen durch die ganze
Schweiz und sogar ins Ausland gemacht, um sich beruflich weiterzubilden.
Auf diesen Reisen haben sie wohl ihre vielen Skizzen von Burgen,
Schlössern, Kirchen und Kapellen angefertigt. Ihre Skizzenbücher, Briefe
und Reiseberichte werden von ihren Nachkommen in Wangen a. d. A. noch
heute sorgfältig aufbewahrt.

In einigen Fällen haben die Hafner einen Maler mit der Verzierung der
Kacheln beauftragt. Die alten Öfen in der Kirchgemeinde Aarwangen sind
vor allem von fünf Hafnern erbaut worden, von denen zwei Vater und Sohn
Anderegg waren. Von einem oder beiden Johann Jakob Anderegg, besitzt
die Kirchgemeinde Aarwangen noch etwa fünfzig schöne und zierliche
Bilder. Glücklicherweise haben diese auf den von ihnen hergestellten Öfen
ihren Namen verewigt, wobei in der Quelle dieser Information nicht
festgehalten ist, welcher der beiden der jeweilige Künstler war. Neben dern
Wohnort Wangen findet man auf ihren Öfen eine einzigartige Sammlung von
sorgfältigen Zeichnungen aus der ganzen Schweiz und sogar aus dem
Ausland.[49]

Der Museumsverein Wangen berichtet über seine Sammlung: «Unser
Bestand an Ofenkacheln der ehemaligen Hafnerei Anderegg mit den im
Archiv enthaltenen Familiengeschichten der einzelnen Generationen weckte
das Interesse eines Ofenbauexperten, welcher unsere Sammlung als
sensationell bezeichnet. - . Sie wird in den nächsten Jahren Gegenstand
eines Buches sein. Professor Hege wird uns zu gegebener Zeit über dessen
Erscheinung orientieren.»[50]

---

[49] Leuenberger Walter, Ofensprüche, im: Jahrbuch des Oberaargaus, Bd. 2, S. 122
  (1959)
[50] Text und Bild: Neujahrsblatt des Museumsverein Wangen, S. 18ff (2011)

Abb. 38 Wangen – Darstellung auf auf einer Ofenkachel aus der Hafnerei Anderegg

Verzeichnis der sämtlichen Einwohner zu Wangen im Herbstmonat 1811[50]

Im Städtli, von der Bruck bis zum Zeitglockenturm [Brand-Assekuranz-No. / Bewohner / Haushaltung / Heimat / Herkunft / Kinder / Knaben/ Mädchen /Diensten o. andere Personen Total Bewohner * Diff.]

27 *Andreas Anderegg*, Seiler, Nachtwächter und Zeitrichter, und seine Frau / Wangen [1/ 2 / 5]
27 *Christina und Barbara Anderegg*, dessen Schwestern / Wangen [2]

Im Städtli, vom Zeitglockenthurm bis zum Thurm im hinteren Ecken
36 *Ludwig Anderegg* und Frau Wangen [2]
39 Dieses Haus gehörte an *Peter Anderegg* und wurde Anno 1811 von der Gemeinde gekauft

Ausser dem Städtli Links der Strasse auf Herzogenbuchsee (Vorstadt)
81 *Samuel Anderegg*, alter Schlosser; hat 4 Söhne :/ Wangen [1]
81 *Samuel Anderegg*, junger Schlosser, nebst Frau Wangen [2 / 1 / 5]
81 *Johannes Anderegg*, Feilenhauer, nebst Frau Wangen [1 / 1 / 4]
65 *Peter Anderegg* und bey Hause 1 Tochter :/ Wangen [1 / 2]
65 *Conrad Anderegg*, dessen Sohn, Wagner, nebst Frau Wangen [2 / 1 /5]

Rechts bemelter Strasse
70 *Josef Anderegg*, Hafner und alt Chorrichter, nebst Frau Wangen [2/4 *
70 *Johannes Anderegg*, dessen Sohn, nebst Frau Wangen [1 1 4 -1 *]
71 *Johannes Anderegg*, des obigen Chorrichters Bruder, nebst Frau Wangen
   [1 / 3]

In der sogenannten Gass
76 *Hans Anderegg*, gew. Chorrichter, und seine Frau Wangen [2]
76 *Johannes Anderegg*, dessen Sohn, nebst Frau (?) Wangen [5 / 2 /9]
77 *Friedrich Anderegg*, Gerichtsweibel, Schlosser, und Frau Wangen [2]
79 *Johannes Anderegg* des Metzgers und Pintenwirths sel. Witwe Wangen
   [1 / 2]

Jenseits der Aare
95 *Johannes Anderegg* Schreiners sel. Witwe, Wangen nebst Sohn
   Johannes und dessen Frau; hat noch 2 Töchtern. [3]

4.8. Wiedlisbach

Die Gemeinde Wiedlisbach grenzt im Norden an Rumisberg, Nordosten an
Oberbipp, im Osten an Walliswil-Bipp, im Süden an Walliswil-Wangen und
Wangen a/A. und im Westen an Attiswil. Sie nimmt ein Areal von 750,78 ha.
ein. - Die Gemeinde zählte an 1. Dezember 1910: 142 Wohnhäuser, 233
Haushaltungen und 1389 Einwohner; davon kamen auf die Stadt
84 Wohnhäuser,150 Haushaltungen und 598 Einwohner.

Abb. 39 Das Städtchen Wiedlisbach aus der Vogelschau[51]

---

[51] Foto: Michel Giesser [patrimoine bernois.ch]

Die Stadt Wiedlisbach liegt 476 m.ü.M. - Gegen Norden erhebt sich die dicke Ringmauer, überragt von einem massiven viereckigen Turm. Die Hauptgasse stellt ein Stück der Strasse Solothurn-Olten dar. Dieses Stück war bis 1827 durch Türe mit Stadttoren abgegrenzt. Auf Ansuchen der kantonalen Strassenkommission hatte am 29. Juni 1827 die Gemeindeversammlung für die Verkehrserleichterung die Abtragung der Türme beschlossen.

Sehenswerte Gebäude der Stadt Wiedlisbach sind das Rathaus, das Kornhaus und die in der Hinterstadt befindliche Katharinakapelle, in welcher das Museum des Bipperamtes untergebracht ist. An der Hauptgasse steht der schon 1382 (Episode von Hans Roth-Rumisberg) erwähnte Gasthof zum Schlüssel. Der zweite alte Gasthof, die Tavernenwirtschaft z. Rappen, wurde nach dem Brand vom Januar 1800 nicht mehr aufgerichtet. Das vor den Ringmauern befindliche Hinterstädtchen wird mit der Hauptgasse durch das Hasen-, das Schmieden- und das Schlüsselgässchen verbunden. Westseits der Stadt, vor dem früheren Obertor liegt ein kleiner Vorort hier befinden sich das Sekundarschulhaus und das Postgebäude. Hinterhalb der Ringmauer steht der Bahnhof der Solothurn-Niederbipp-Linie und gegen Oberbipp das altbekannte Bad; zwischen Bahnhof und Bad ist der Vorort Röthlen. Weitere Siedelungen im Gemeindegebiet Wiedlisbach sind: Blauchen, Dettenbühl, Eichholz, Gerzmatt Känelmatt, Läusbühl, Moos, Moosrain, Mühle, Neumatt, Rieselhof, Stadthof, Stierenweid, Walke und Wehribach. - Als Merkwürdigkeit mag noch hervorgehoben werden, dass die Stadtgemeinde Wiedlisbach keine Kirche hat, sondern in Oberbipp Pfarrgenössig ist.

Hans Roth, der Retter Solothurns

Ein Überfall auf die reiche Stadt Solothurn mit Hilfe eines bestochenen Chorherrn war geplant, und im «Schlüssel» zu Wiedlisbach traf sich Graf Rudolf mit seinen Verbündeten in einer Novembernacht des Jahres 1382 zur letzten Verabredung. Hans Roth von Rumisberg belauschte unbemerkt die Spiessgesellen vom Ofensitz der Wirtsstube aus, indem er sich schlafend stellte; dann eilte er auf Nebenwegen nach Solothurn und warnte die Stadt, so dass der Überfall vereitelt werden konnte. Zum Dank beschloss die Obrigkeit, dem Ältesten des Geschlechtes alle zwei Jahre ein Ehrenkleid in den Stadtfarben und eine Pension zu schenken - ein Brauch, der sich in nur leicht veränderter Form bis heute erhalten hat. Auch der «Hans Roth-Gedenklauf», ein früher jedes Frühjahr stattfindender Waffenlauf, ein Volkstheaterstück von Xaver Amiet, der Gedenkbrunnen mit dem Standbild von Hans Roth in Rumisberg, sowie ein Wandgemälde im «Schlüssel» zu Wiedlisbach von Helene Roth erinnern an die Geschichte vom Retter Solothurns.[52]

---

[52] Freiburghaus Ruth, Wiedlisbach – Idyll am Jurafuss, S. 15 (1976)

4.8.1. Personen im Laufe der Zeit

Das Geschlecht Anderegg kam durch Urs an der Egg von Rumisberg 1666 nach Wiedlisbach. Die erste Eintragung in die Kirchenbücher von Oberbipp der Wiedlisbacher-Linie ist das Kind Barbara des Urs und der Ursy an der Egg-Kentzig. Urs an der Egg figuriert im Bodenzinsurbar des Schlosses Bipp von 1666; das Burgerrecht war in Wiedlisbach an Grundbesitz gebunden. Während die beiden mittleren Söhne Hanns und Peter noch Burger von Rumisberg verblieben, treten die drei jüngeren - Christof, Philipp und Urs - als Burger von Wiedlisbach auf. Von 1666 bis 1822 (Jahr der Anlegung des neuen Burgerrodels) gab es 12 Burgerfamilien Anderegg in Wiedlisbach. Sie verteilen sich auf fünf Generationen. Nach 1822 sind noch zwei Familienväter der 6. Generation bekannt, von denen Johann Jakob an der Egg am 30. Oktober 1663 als der letzte der Anderegg Wiedlisbach starb. Bereits am 25. April 1780 hatte der einzige Sohn des Enkels Hans Rudolf des 'Begründers der Wiedlisbacherlinie, der in königlich dänischen Militärdienst stehende Ulrich an der Egg auf das Bürgerrecht von Wiedlisbach, für sich. und seine Nachkommen verzichtet.

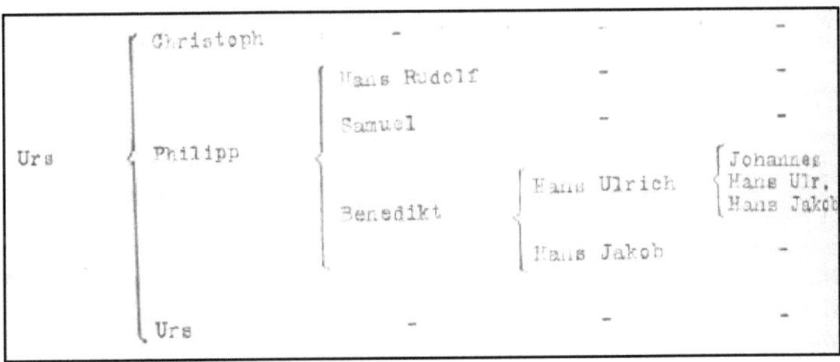

Abb. 40   Auszug aus dem Anderegg-Buch: Die Wiedlisbacher Anderegg.

Als Merkwürdigkeit mag noch hervorgehoben werden, dass die Stadtgemeinde Wiedlisbach keine Kirche hat, sondern in Oberbipp pfarrgenössig ist.

Besonderer Erwähnung der Wiedlisbacher Linie bedürfen hier folgende Personen:

Hans Rudolf an der Egg in Wiedlisbach
(Getauft 1. Juli 1708, verstorben 15. April 1742).
Er war der Sohn von Philipp und Kathrin an der Egg-Haas. Am 13. Mai 1735 verheiratete er sich mit Verena Kenzig verstarb aber schon nach sieben Jahren. Die Witwe ging am 22. Februar 1760 eine zweite Ehe mit Hans Wagner ein. Sain Sohn Ulrich, getauft am 4. Dezember 1735, stand in königlich dänischen Diensten.

Landwirt Samuel an der Egg in Reigoldswil (Basel). (Get. 20. April 1708).

Als Sohn der Anna Otzenberger von Eriswil, war er der Stiefbruder des Hans Ulrich an der Egg. Er ließ sich in Reigoldswil nieder. Ein Nachkomme von ihm, Samuel, kommt noch 1794 als Viehbesitzer von vor. - Seine Frau Anna an der Egg war 1740 Taufpatin bei einem Kind von Hans Jakob und Katharina Tschumi-an der Egg von Wolfisberg.

Kapellenmeier <u>Hans Ulrich an der Egg</u>.
(Getauft 2. Juli 1747, gest. 4. April 1624).
Er war der Sohn von Benedikt und Verena an der Egg-Affolter. 1769 hatte er die Ehe mit Maria Obrecht von Wiedlisbach eingegangen; eine zweite Ehe schloss er am 15. Dezember 1809 mit Anna Joneli von Gondiswil. Der Gemeinde leistete er als Wegmeister Dienste. 1797/98 war er Kapellenmeier von Wiedlisbach. – Nach den Gemeindebeschlüssen vom 6. März 1796 betreffend die Einquartierung französischer Truppen ward ihm die Heu- und Haberlieferung zugewiesen. Während der helvetischen Republik gehörte er der Munizipalwache Wiedlisbach an.

Bäcker <u>Hans Jakob an der Egg</u> in Wiedlisbach.
(Getauft 3. Februar 1754, gest. 19. März 1833),
Er war ebenfalls ein Sohn des Gemeindeschäfers Benedikt an Egg-Affolter und auch er war, wie sein Bruder Hans Ulrich, zweimal verheiratet, in erster Ehe mit Anna Ammann von Wiedlisbach (seit 1773), in zweiter Ehe mit Elisabeth Wildi von Schafisheim (1812). 1798 wurde er in die Munizipalwache Wiedlisbach gewählt. Am 7. Dezember 1799 bezog er von der Stadt Wiedlisbach laut deren Militärkosten vom 5. Februar 1799 bis 19. Februar 1601 für Kornmisbrot an französische Truppen 5 Kronen 20 Batzen.

Wegmeister <u>Hans Ulrich an der Egg</u> in Wiedlisbach.
(Getauft 8. April 1781, gest. 2. November 1842).
Er war der Sohn von Hans Ulrich und Maria an der Egg -Obrecht. Seine Frau war eine Seebergerin Anna Barbara Jent (1808). Beim Brand der sechs Häuser im Hinterstädtchen Wiedlisbach vom 28. Oktober 1834 wurde auch sein Haus eingeschert. In demselben wohnten die Witwen seiner Brüder Johannes ad der Egg-Ingold und Hans Jakob an der Egg-Wälchli.

<u>Johann Jakob Anderegg</u> in Wiedlisbach.
(Geb. 29. Januar 1816,) gest. 30. Oktober 1883).
Seine Eltern waren Hans Jakob und Anna Barbara an der Wälchli. Am 13.12.1839 heiratete er Elisabeth von Ballmoos (1804-1876) von Heimiswil. Mit ihm erlosch. das Wiedlisbacher Burgergeschlecht Anderegg (Burgerrodel I, Eintragung vom Jahre 1883).

5. Die frühen Bürgergemeinden der Anderegg-Familien und deren Weiterverbreitung

Kleindietwil, Koppigen, Oberbipp, Rumisberg, Wangen an der Aare und Wiedlisbach sind, in alphabetischer Reihenfolge genannt, diejenigen Gemeinden, in denen die Anderegg-Familien bereits vor dem Jahre 1800 das Bürgerrecht innehatten.

Es ist belegt, dass die Verbreitung der Anderegg-Familien im nördlichen Teil des Kantons Bern von den genannten Gemeinden ausging, wobei der Name "Anderegg" am frühesten in Rumisberg aufgetaucht ist. Es kann deshalb davon ausgegangen werden, dass sich die Weiterverbreitung der Andereggschen Familien im nördlichen Teil des Kantons Bern aus dem Raum Rumisberg-Oberbipp heraus entwickelt hat.

Das Geschlecht "Anderegg" gelangte von Rumisberg aus in die übrigen Gemeinden des alten Gerichts Wiedlisbach (Kirchgemeinde Oberbipp, ohne Wolfisberg), in die Stadt Wangen a./A. und in die Gemeinde Koppigen, sodann vereinzelt auch in Gemeinden anderer Gegenden. In Attiswil, Oberbipp, Wiedlisbach, Wangen und Koppigen wurde "Anderegg " ein Burgergeschlecht. Rumisberger "Anderegg" haben sich dann auch in der Stadt Solothurn eingebürgert, ohne jedoch auf das alte Burgerrecht in Rumisberg zu verzichten.

Interessant ist die Tatsache, dass offensichtlich über Jahrzehnte, ja sogar Jahrhunderte hinweg Kontakte der Anderegg-Familien aus den verschiedenen Dörfern untereinander stattgefunden haben und es so auch immer wieder zu Verheiratungen von Andereggschen Familienangehörigen mit Bürgern der jeweiligen Gemeinden gekommen ist.

Man muss berücksichtigen, dass man überhaupt erst ab ca. 1300 über erste schriftliche Quellen zu Familiennamen in der Schweiz verfügt. Unsere alemannischen Vorfahren sind irgendwann zwischen 500 und 600 nach Christi Geburt in die Schweiz gekommen. Von diesem Zeitpunkt an bis um ca. 1300 gibt es praktisch keine schriftlichen Dokumente darüber, wer, wann, wo und unter welchem Namen gelebt hat.

Für sämtliche Fragestellungen in diesem Zusammenhang herrscht also leider über Jahrhunderte hinweg absolute Dunkelheit. Deshalb muss man davon ausgehen, dass aufgrund der übrigen, bekannten bzw. anerkannten Fakten die in die Schweiz eingewanderten Alemannen sich gemäss der im Kapitel 2.3. beschriebenen Weise verbreitet und mit den Kelten vermischt haben, dies jedoch frühestens ab ca. 1300 (falls z.B. in einem Urbar erfasst) oder dann ganz konkret erst nach dem Konzil von Trient auch schriftlich belegt werden kann, weil als Konsequenz des tridentinischen Konzils das Jahr 1580 gleich eine Reihe von Entscheidungen brachte, unter anderem die Einführung von Tauf- und Ehebüchern. Ihnen folgten die Totenbücher.

Jahr	Gemeinde	
~ 1500	Rumisberg	
1593	Oberbipp	
1632	Wangen a.A.	
1666	Wiedlisbach	
1681	Kleindietwil	
1740	Koppigen	

Abb. 41 Darstellung der Verbreitung der Anderegg-Familien im Bipperamt und seiner Umgebung

6. Weitere Anderegg-Teilstämme

Name	Kanton	Gemeinde	Einbürgerung
Anderegg	BE	Hasliberg	a
Anderegg	BE	Innertkirchen	a
Anderegg	BE	Kleindietwil	a
Anderegg	BE	Koppigen	a
Anderegg	BE	Meiringen	a
Anderegg	BE	Oberbipp	a
Anderegg	BE	Rapperswil	1945
Anderegg	BE	Rumisberg	a
Anderegg	BE	Schattenhalb	a
Anderegg	BE	Tägertschi	b
Anderegg	BE	Wangen an der Aare	a

Abb. 42 Liste der Gemeinden, in denen die ‚Anderegg' vor 1800(a), im 19. Jh. (b) oder einem genau datierten Jahr eingebürgert wurden. (Quelle: Familiennamenbuch der Schweiz [Historisches Lexikon der Schweiz (HLS)]

Einige Anderegg-Familien sind im Verlaufe des 19. und anfangs des 20. Jh. nach Rapperswil BE und Tägertschi BE gezogen und haben sich dort einbürgern lassen.

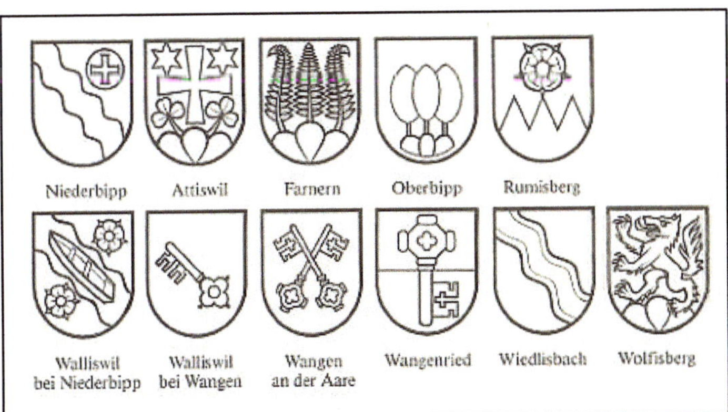

Abb. 43 Die Gemeindewappen des Bipperamtes.

7. Genealogie der Anderegg

Die vier ersten Generationen und deren Nachkommen:

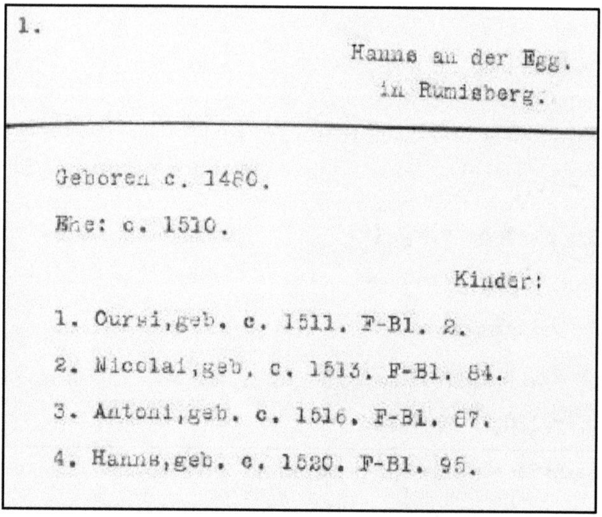

1.

Hanns an der Egg.
in Rumisberg.

Geboren c. 1480.

Ehe: c. 1510.

Kinder:

1. Oursi, geb. c. 1511. F-Bl. 2.
2. Nicolai, geb. c. 1513. F-Bl. 84.
3. Antoni, geb. c. 1516. F-Bl. 87.
4. Hanns, geb. c. 1520. F-Bl. 95.

Abb. 44 Darstellung der Stammfamilie im Anderegg-Buch.

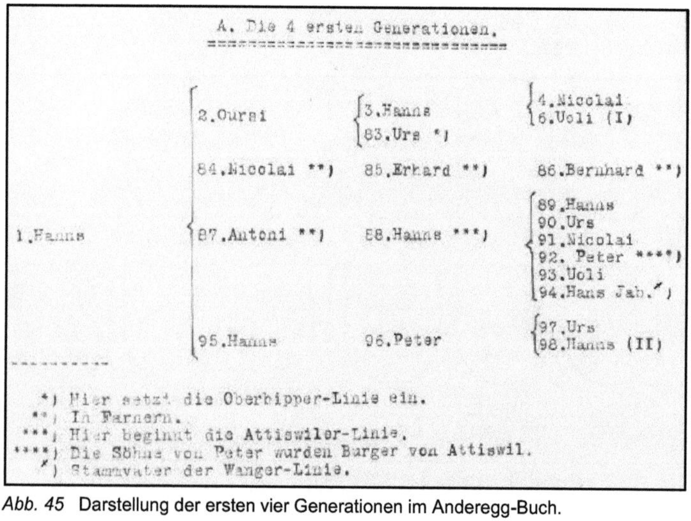

A. Die 4 ersten Generationen.

1.Hanns	2.Oursi	3.Hanns	4.Nicolai 6.Uoli (I)
		83.Urs *)	
	84.Nicolai **)	85.Erhard **)	86.Bernhard **)
	87.Antoni **)	88.Hanns ***)	89.Hanns 90.Urs 91.Nicolai 92. Peter ****) 93.Uoli 94.Hans Jab.ˣ)
	95.Hanns	96.Peter	97.Urs 98.Hanns (II)

----

*) Hier setzt die Oberbipper-Linie ein.
**) In Farnern.
***) Hier beginnt die Attiswiler-Linie.
****) Die Söhne von Peter wurden Burger von Attiswil.
ˣ) Stammvater der Wanger-Linie.

Abb. 45 Darstellung der ersten vier Generationen im Anderegg-Buch.

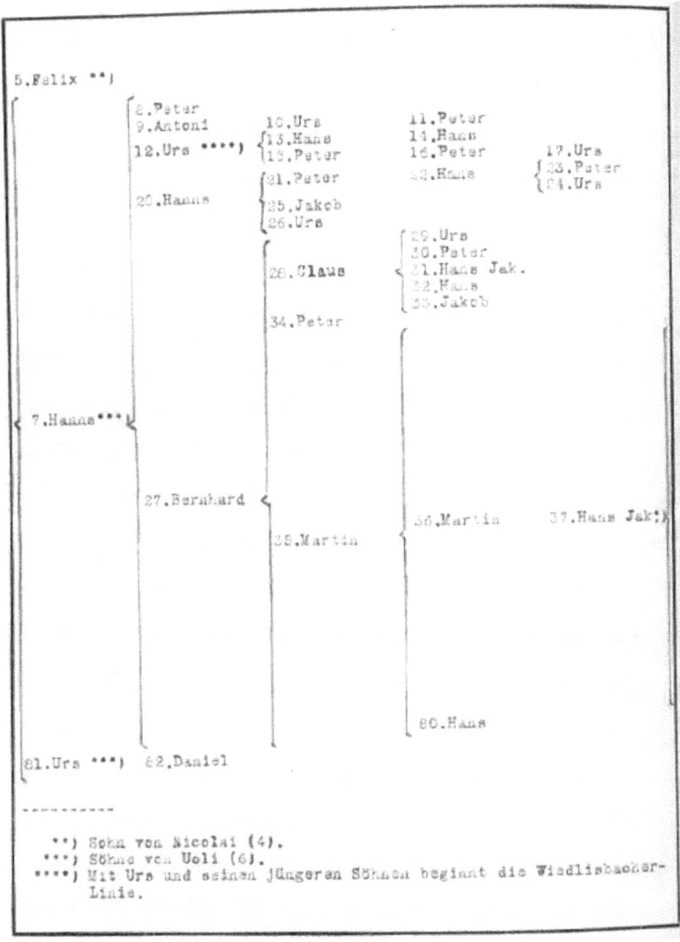

Abb. 46   Darstellung der Generationen 5-14 im Anderegg-Buch: Nachkommen von Ueli
und Nicolai (I).

„Hanns an der Egck" war nach dem Zins- und Lehenurbar von 1518 (Staatsarchiv Bern: Urbarien, Amt Wangen Nr. 22). der grösste Grundbesitzer von Rumisberg, überhaupt für die damalige Zeit ein Grossgrundbesitzer. Er bezahlte an jährlichen Bodenzinsen: 9 Pfennig für 1 Jucharte beim Mehlbaum, ein Stack Matten hinter Peter Haasens Haus 1 Jucharte an der Mühle-halden, ½ Jucharte auf Port, 1 Acker in Marchischwand, ½ Jucharte bei Gattern, 1 Mannwerk und eine Rüti beim

76

Kennel; 4 Schillinge von der Hofstatt hinter seinem Haus; 5 Schillinge, ein junger Hahn und 5 Eier von 2 Bünden bei den Häusern, 1 Mannwerk Banda hinter seinem Haus und je 1 Jucharte bei Riffs Rüti, am Glend und auf Port; 6 Pfennig von 2 Jucharten unter dem Erlisbühl; 34½ Pfennige für 5 Stück Rütinen; 2½ Schillinge für 1 Mannwerk und 3 von Liprand Schnider benutzten Stück. Am Heuzehnten entrichtete er jährlich far 40 Mannwerk 80 Pfennige.

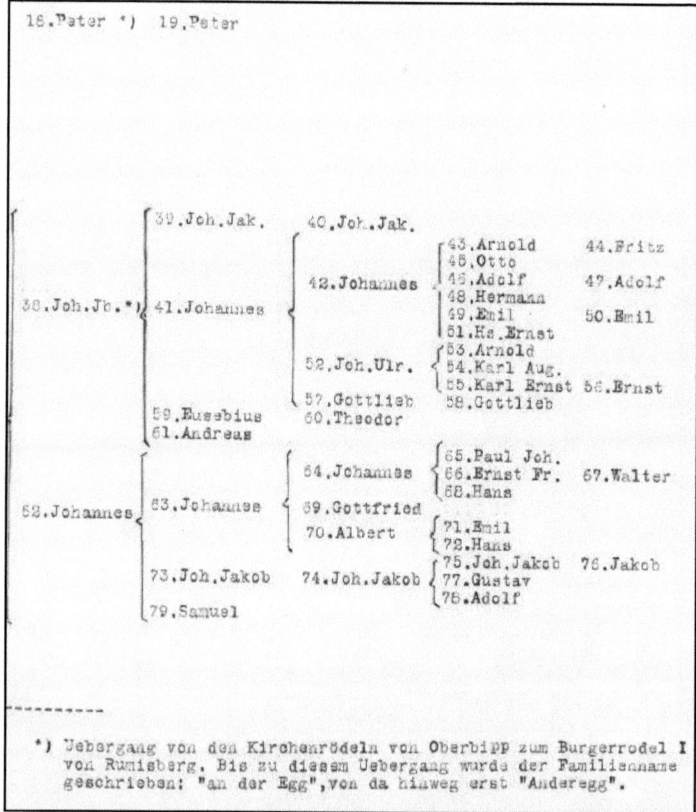

Abb. 47 Darstellung der Generationen 5-14 im Anderegg-Buch: Nachkommen von Ueli und Nicolai (II).

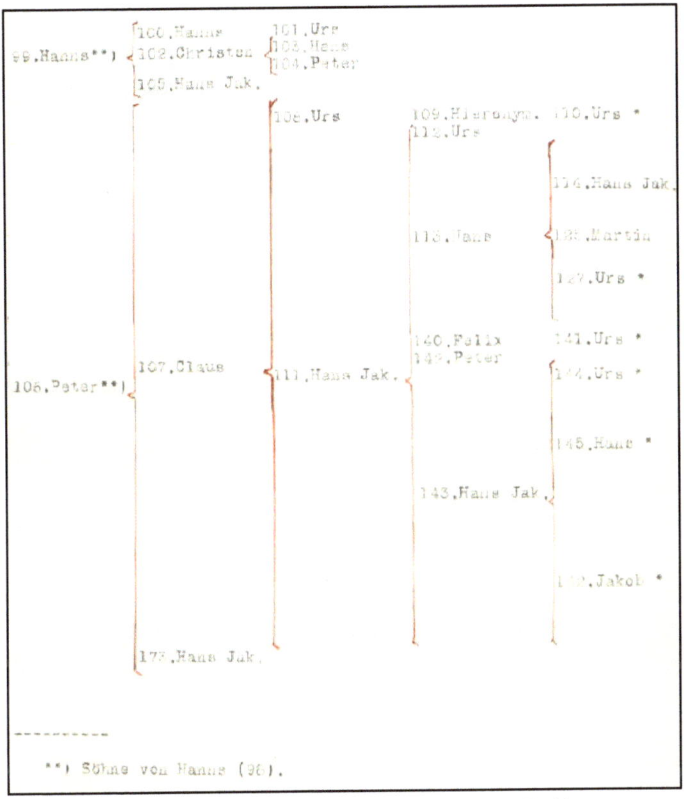

99.Hanns**)   100.Hanns   101.Urs
               102.Christen   103.Hans
                                104.Peter
               105.Hans Jak.

                                108.Urs   109.Hieronym. 110.Urs *
                                                  112.Urs

                                                               114.Hans Jak.

                                                  113.Hans   133.Martin

                                                               127.Urs *

                                                  140.Felix   141.Urs *
                                                  142.Peter
106.Peter**)   107.Claus   111.Hans Jak.   144.Urs *

                                                               145.Hans *

                                                  143.Hans Jak.

                                                               152.Jakob *

               173.Hans Jak.

               - - - - - - - - - -

               **) Söhne von Hanns (98).

Abb. 48   Darstellung der Generationen 5-14 im Anderegg-Buch: Nachkommen von
          Hanns (I).

Abb. 49   Der Hof ‚Rüegacher' in Rumisberg

```
115.Jakob
                  117.Joh.Ulr.              -              118.Johann
115.Hs.Ulr.*      119.Johannes
                  120.Jakob
121.Johannes*122.Jakob        123.Robert          124.Jb.Aug.
126.Hs.Jak.*
                                  130.J.Gottfr.    131.Charles
                  129.Felix       132.J.Rudolf     133.Hans G.P.
128.Samuel                        134.Fr.Ludw.     135.Paul Ls.
                                  136.Em.Friedr.
                  137.Johann      138.Fr.Joh.      139.Ernst H.


                                  148.Jakob
                                                         150.Johann
146.Jakob         147.Jakob       149.Johannes           151.Ernst
                                                         152.Paul
                                  153.Samuel             154.Paul
                  155.Andreas
                                  158.Joh.Ed.
156.Johannes  157.Johannes        159.Johannes     160.Ernst
                                  161.Ernst
                                                         165.Em.Joh.
                  -               164.Emil               166.Joh.Emil
163.Urs                                                  167.Karl
                  168.Johannes
                  169.Jakob       170.Hans          171.Johann
172.Jakob

- - - - - - - - -

* Uebergang von den Kirchenregistern Oberbipp zum Burgerrodel I
  Rumisberg.
```

Abb. 50 Darstellung der Generationen 5-14 im Anderegg-Buch: Nachkommen von Hanns (I).

Von den auf der folgenden Abbildung aufgelisteten 173 Familien finden sich die nachfolgenden Angaben (Kap. 7.1.-7.4.) für 74 in den 14 Kirchenbüchern der Kirchgemeinde Oberbipp (zwei Obituarien sind verloren gegangen), 12 in den Kirchenbüchern und im Burgerrodel I von Rumisberg und 87 in den Burgerrödeln I, II und III von Rumisberg. In den 1822 angelegten Burgerrodel kamen 11 Stämme (vom Stamm II gleich zwei Familien), von denen die Stämme III, VI, VIII und IX sich nicht weiter fortsetzten. Der Stamm I zählt zwei, der Stamm V = 4, der Stamm IV = 5, der Stamm XI = 11, der Stamm VII = 13, der Stamm X = 17 und der Stamm II = 43 Familien.

Das Geschlecht "Anderegg" umfasst von Ende des XV. Jhrh. bis 1934 14 Generationen:

	A.	B.I.	B.II.	Im Ganzen
1.Generation	1 Familie	-	-	1 Familie
2.Generation	4 Familien	-	-	4 Familien
3.Generation	5 "	-	-	5 "
4.Generation	11 "	-	-	11 "
5.Generation	-	3 Familien	2 Famil.	5 "
6.Generation	-	6 "	5 "	11 "
7.Generation	-	9 "	5 "	14 "
8.Generation	-	11 "	6 "	17 "
9.Generation	-	4 "	6 "	12 "
10.Generation	-	3 "	9 "	12 "
11.Generation	-	8 "	11 "	19 "
12.Generation	-	9 "	14 "	23 "
13.Generation	-	18 "	15 "	33 "
14.Generation	-	6 "	-	6 "
	21	77	75	173 Familien

Abb. 51   Tabellarische Auflistung der 14 im Anderegg-Buch aufgeführten Generationen.

7.1. Teilstamm Oursi Anderegg

Für die erfassten genealogischen Daten stehen verschiedene Darstellungsmöglichkeiten zur Verfügung. Unter anderem der klassische Stammbaum, die Darstellung als „Sanduhr", oder der Nachfahrenbaum.

Der im vorliegenden Fall gewählte Nachfahrenbaum zeigt alle Nachkommen einer Person, angefangen mit deren Kindern, dann der Enkel der betreffenden Person, deren Kinder usw. Durch Verschiebung um eine Position nach rechts bei der Auflistung der Kinder und Kindeskinder wird im somit entstandenen Diagramm ersichtlich, wie viele Generationen der Nachfahrenbaum zeigt.

Die hinter dem jeweiligen Namen in eckigen Klammern angeführten Ziffern haben keine genealogische Bedeutung; sie entstammen der für die Verwaltung der Daten benutzten Software.

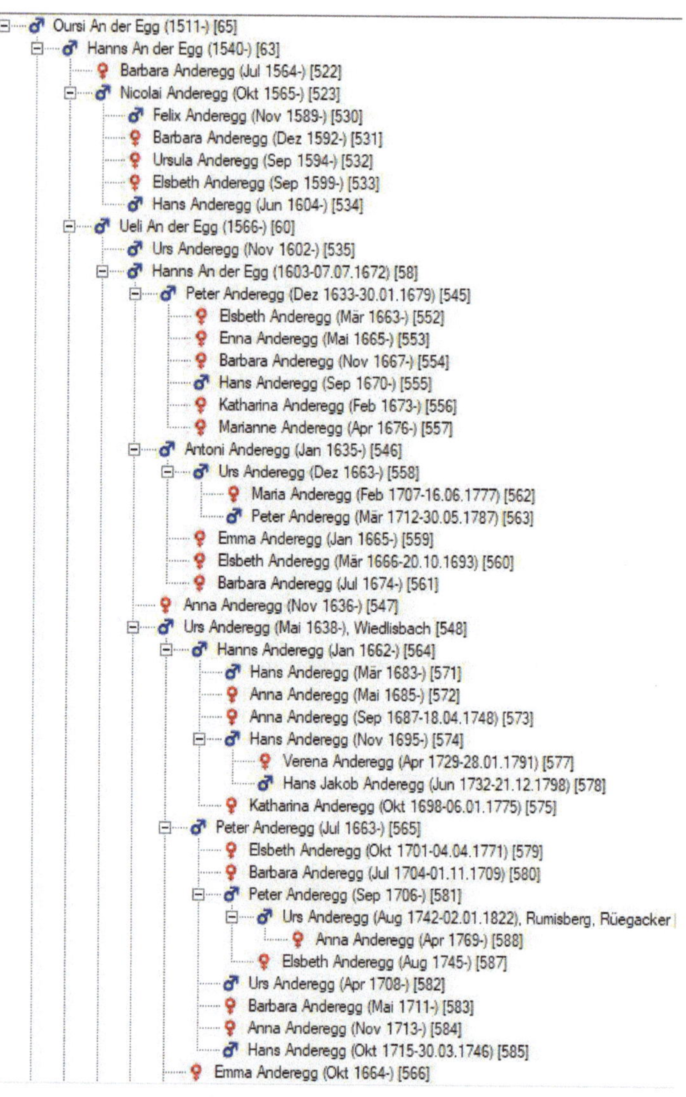

Abb. 52 Nachfahrenbaum von Oursi an der Egg, demältesten Sohn von Hanns an der Egg– Teil 1

81

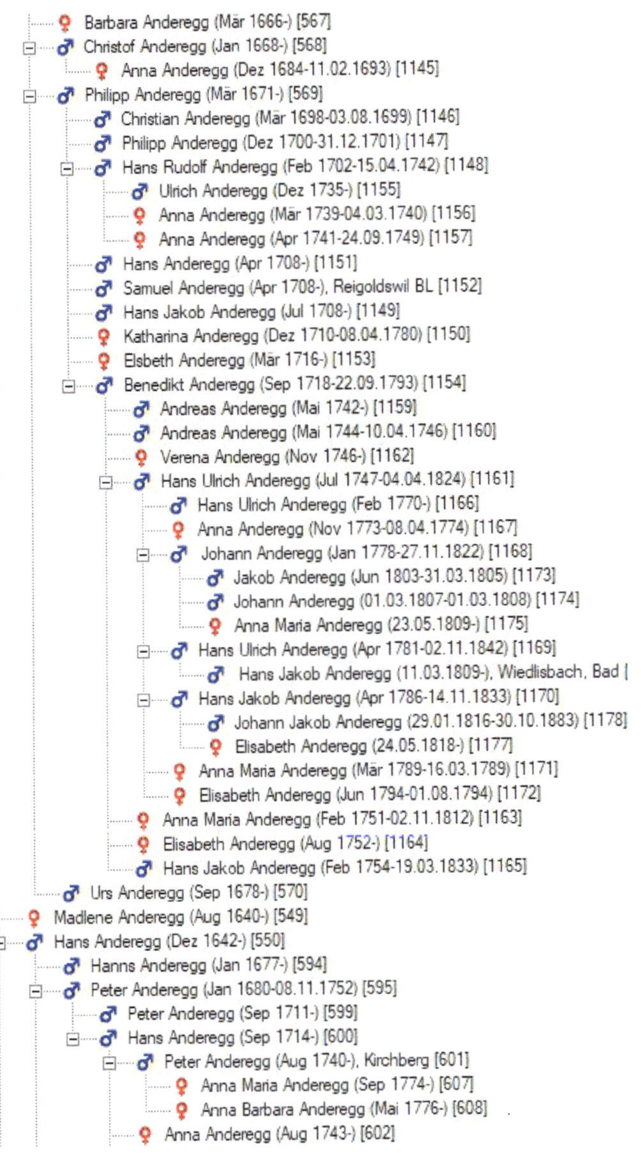

Abb. 53 Nachfahrenbaum von Oursi an der Egg – Teil 2: Ab der 5. Generation nach Oursi

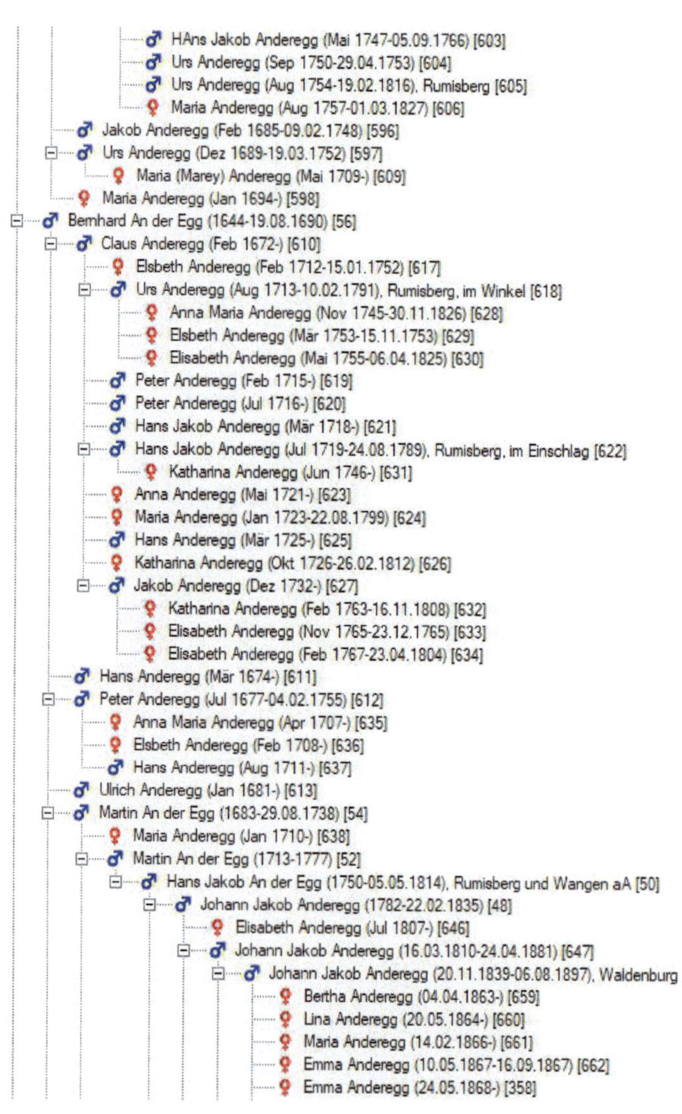

Abb. 54 Nachfahrenbaum von Oursi an der Egg – Teil 3: Ab der 5. Generation nach Oursi

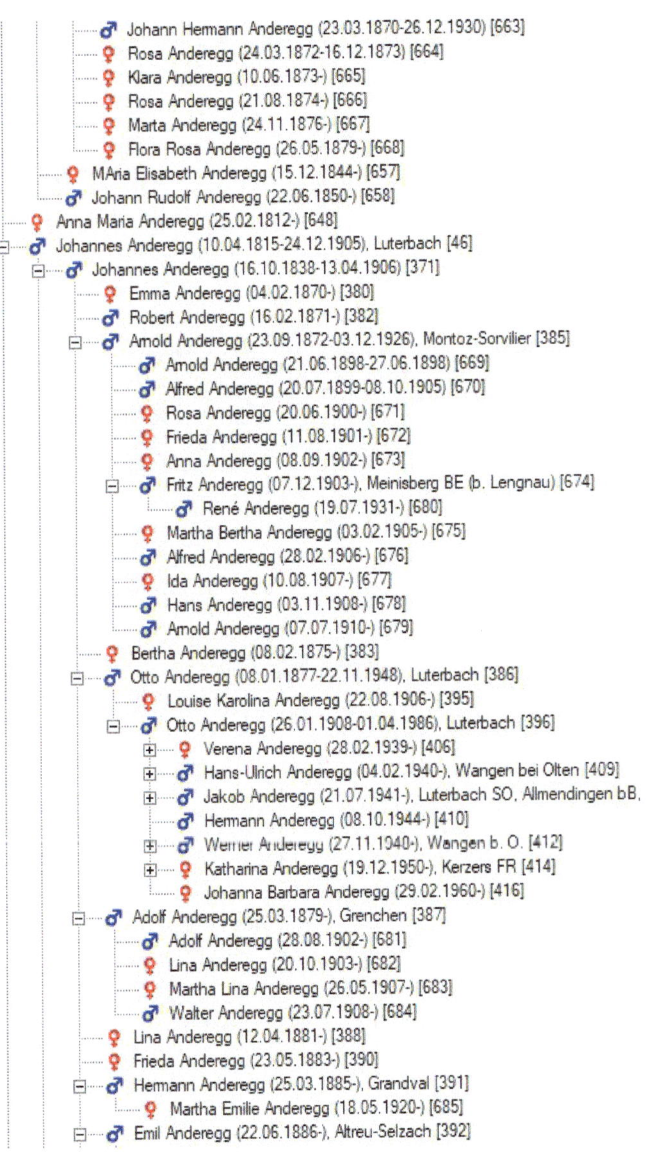

Abb. 55 Nachfahrenbaum von Oursi an der Egg – Teil 4: Ab der 8. Generation nach Oursi

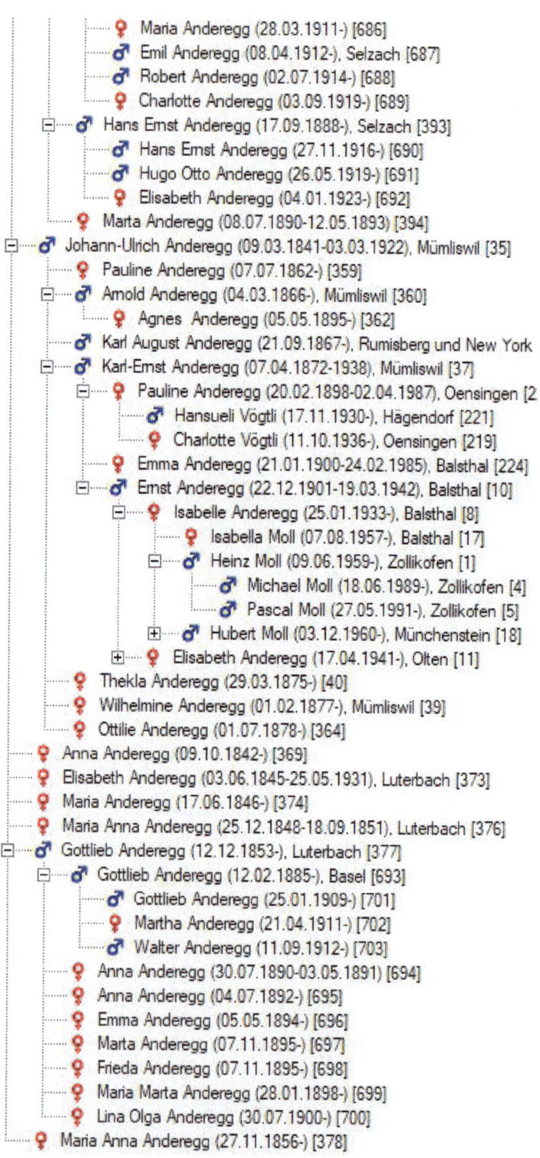

Abb. 56 Nachfahrenbaum von Oursi an der Egg – Teil 5: : Ab der 9. Generation nach Oursi

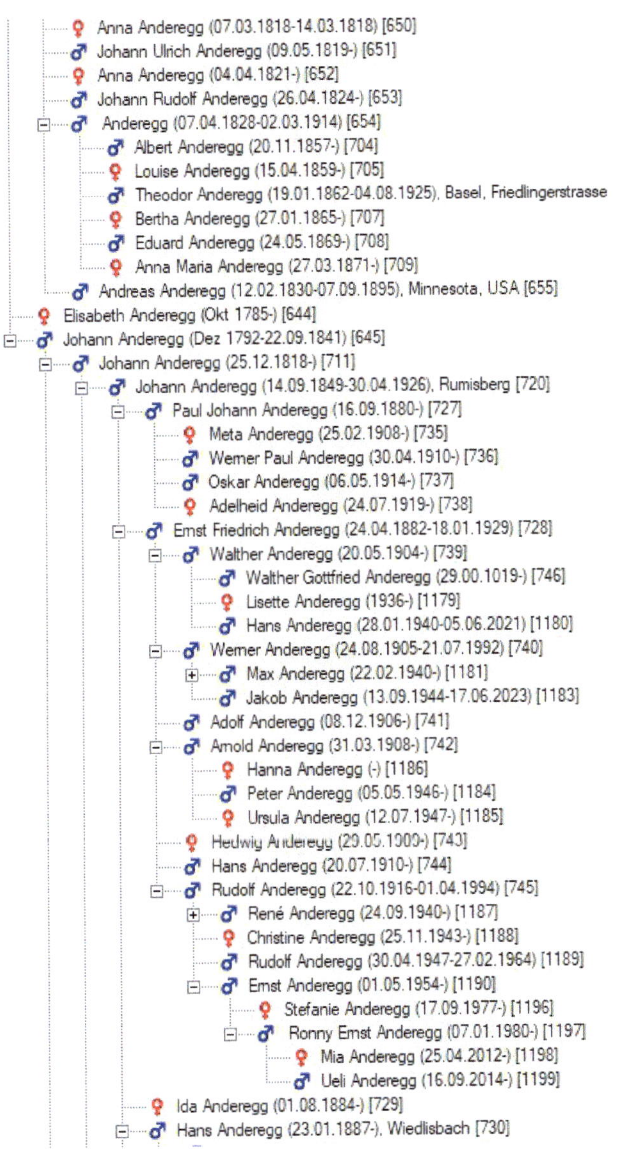

Abb. 57 Nachfahrenbaum von Oursi an der Egg – Teil 6: Ab der 7. Generation nach Oursi

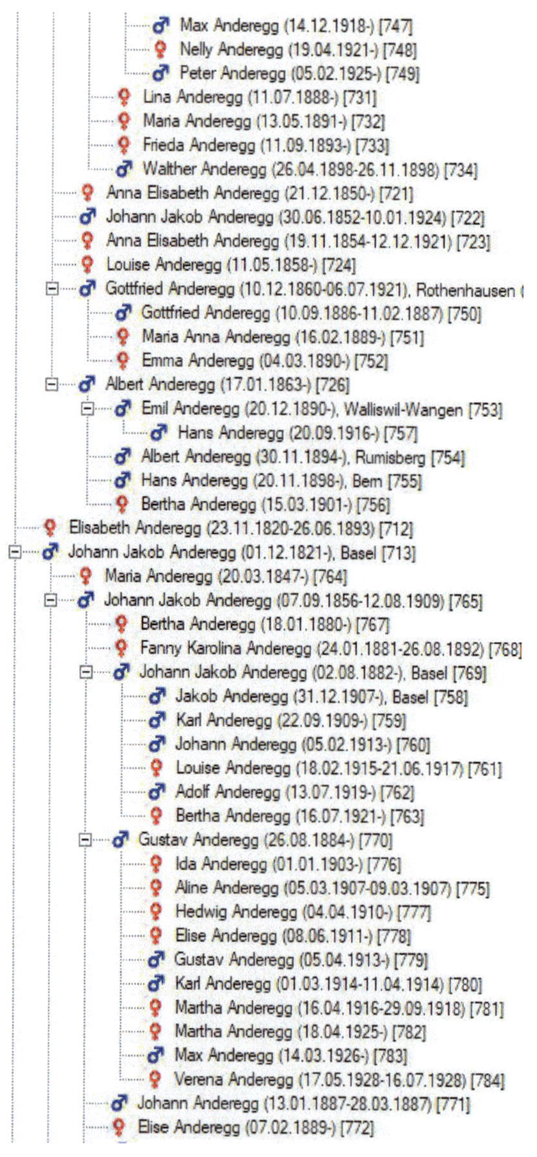

Abb. 58 Nachfahrenbaum von Oursi an der Egg – Teil 7: Ab der 7. Generation nach Oursi

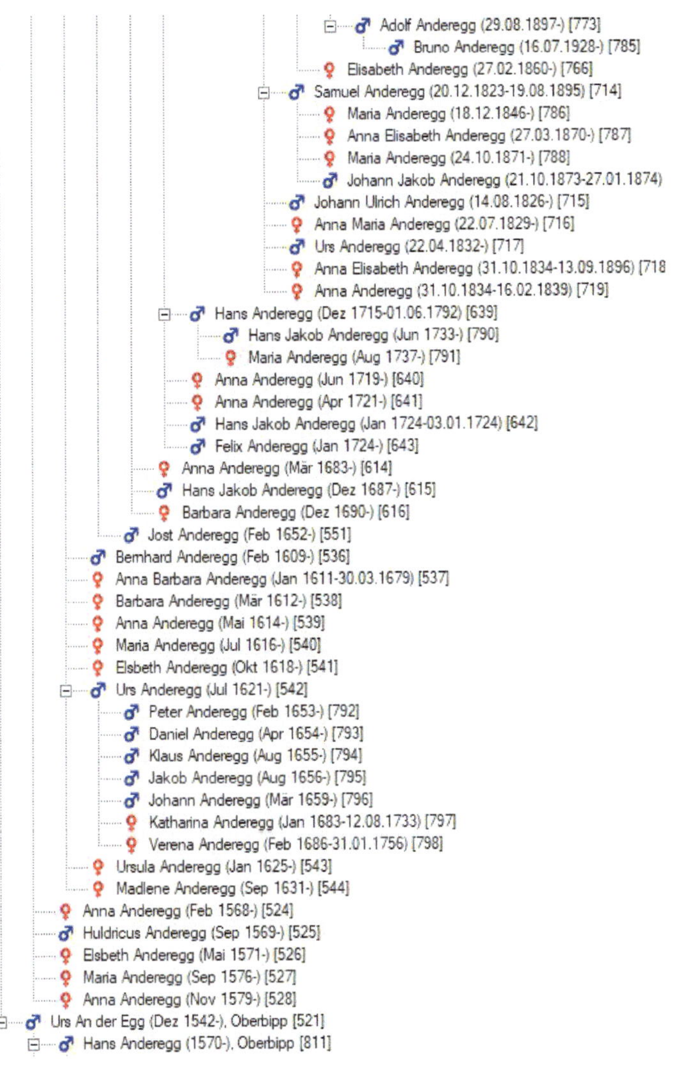

Abb. 59 Nachfahrenbaum von Oursi an der Egg – Teil 8: Ab der 1. Generation nach Oursi

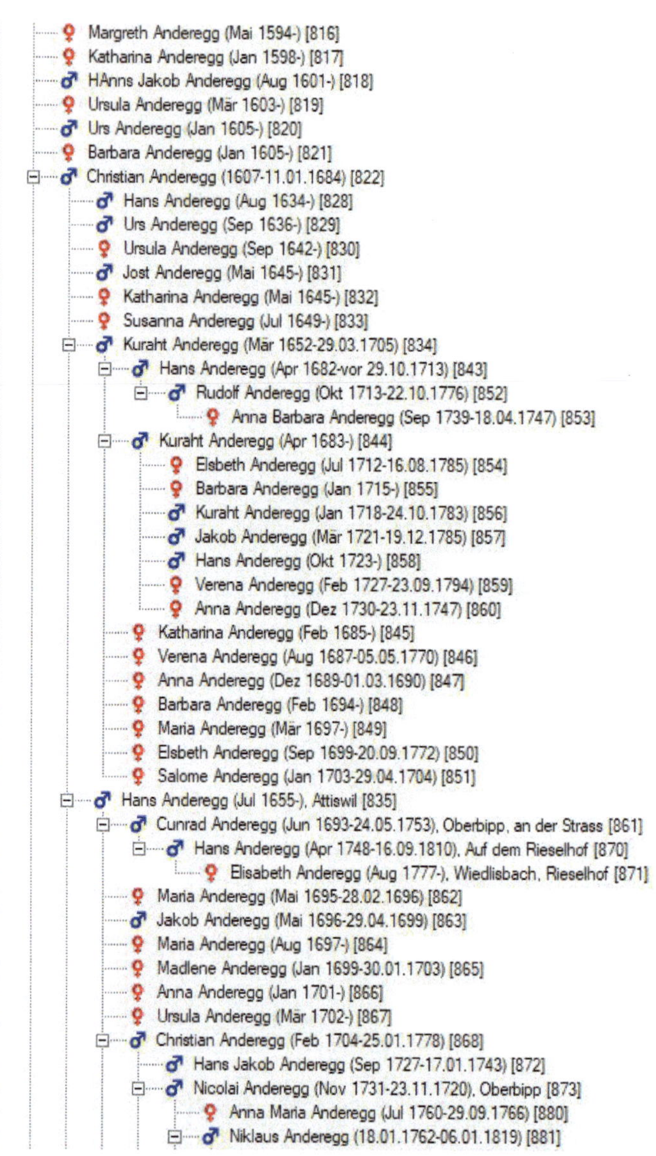

Abb. 60 Nachfahrenbaum von Oursi an der Egg – Teil 9: Ab der 2. Generation nach Oursi

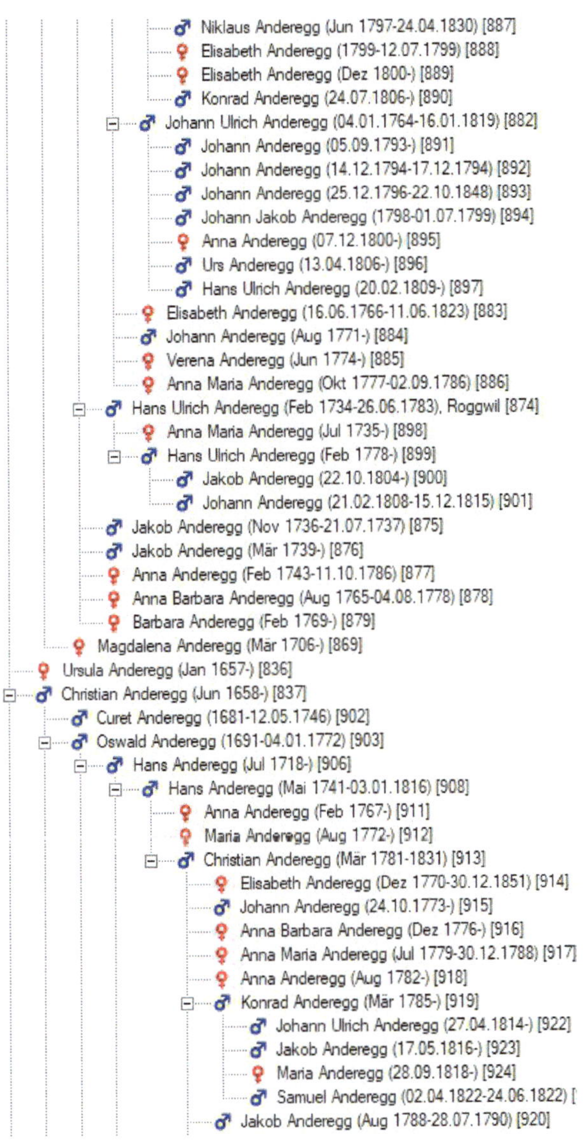

Abb. 61 Nachfahrenbaum von Oursi an der Egg – Teil 10: Ab der 4. Generation nach Oursi

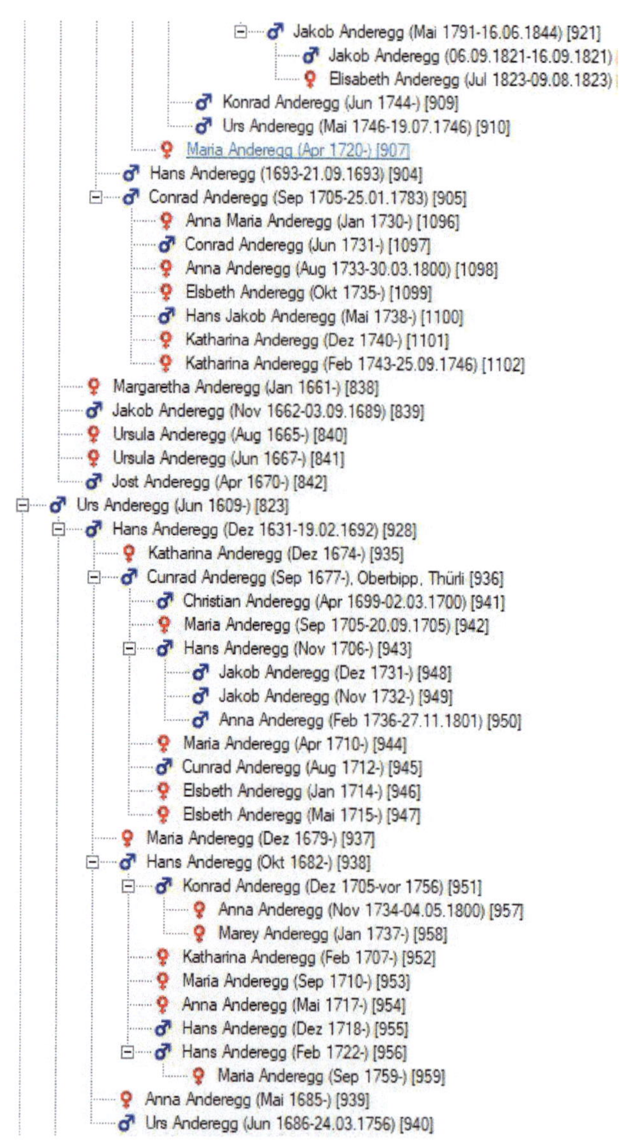

Abb. 62 Nachfahrenbaum von Oursi an der Egg – Teil 11: Ab der 3. Generation nach Oursi

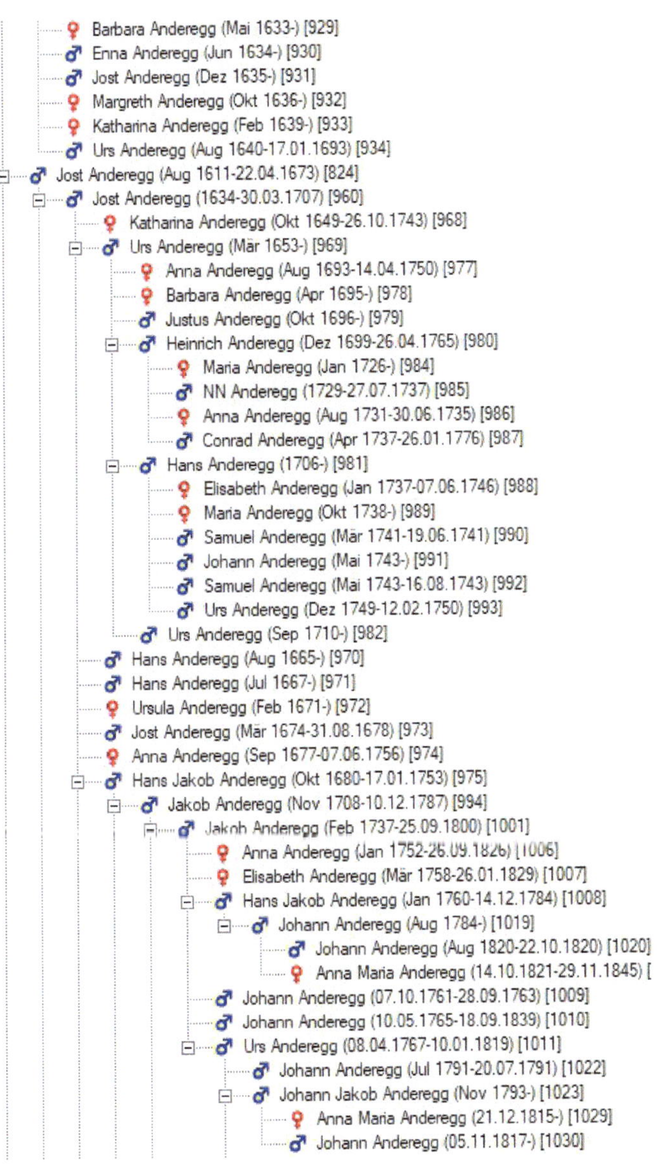

Abb. 63 Nachfahrenbaum von Oursi an der Egg – Teil 12: Ab der 3. Generation nach Oursi

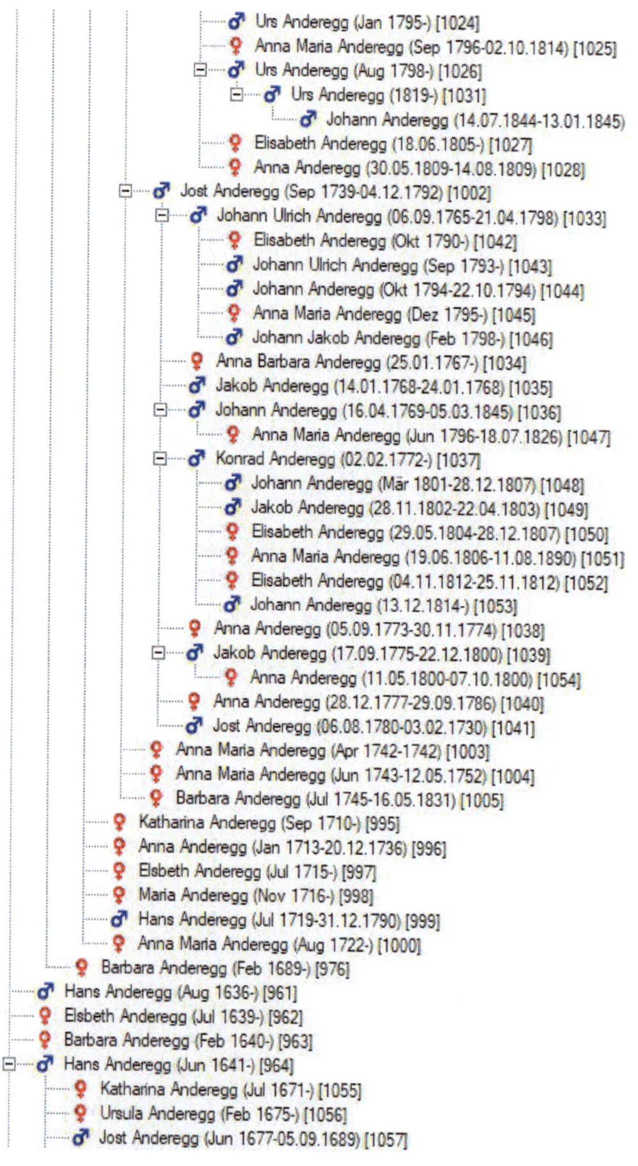

Abb. 64 Nachfahrenbaum von Oursi an der Egg – Teil 13: Ab der 3. Generation nach Oursi

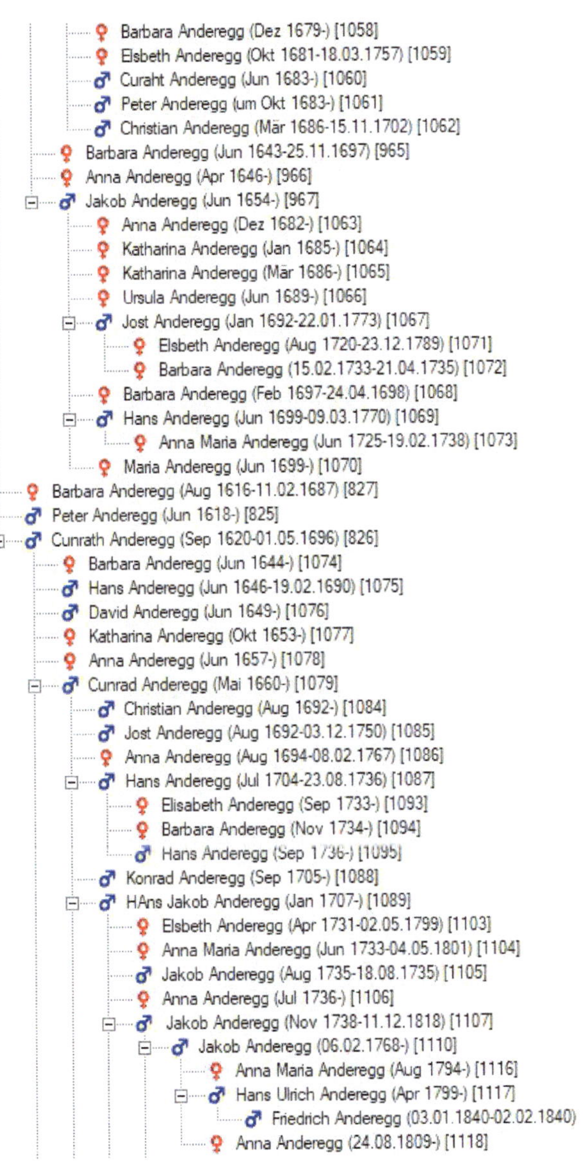

Abb. 65 Nachfahrenbaum von Oursi an der Egg – Teil 14: Ab der 2. Generation nach Oursi

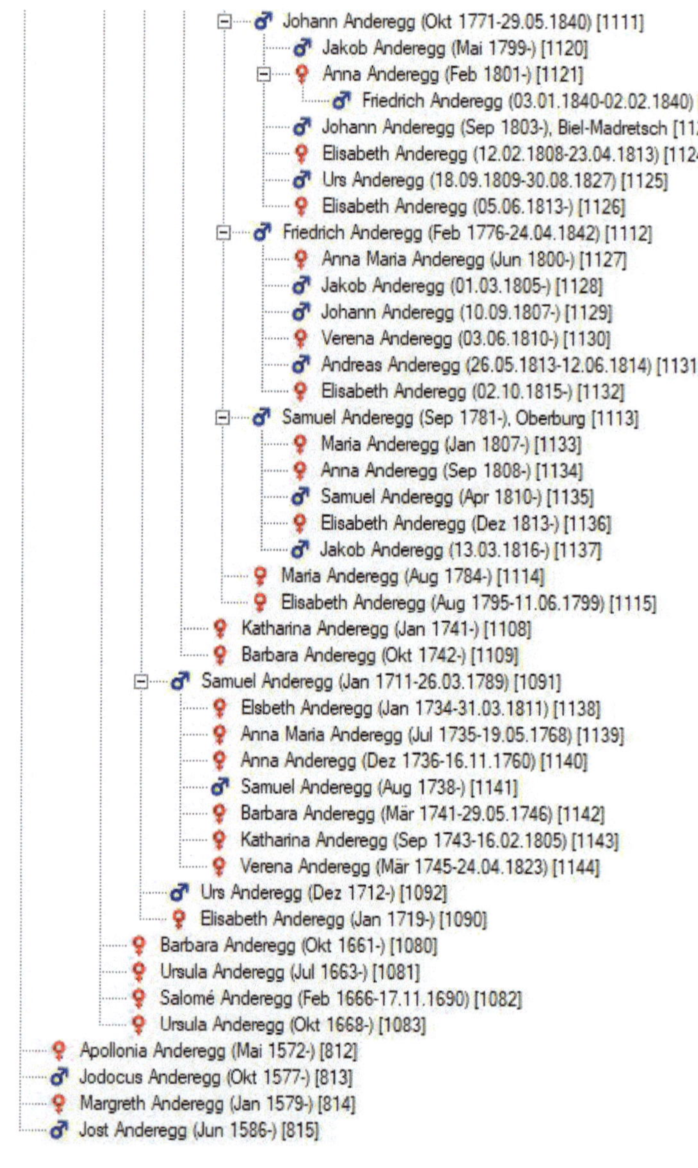

Abb. 66 Nachfahrenbaum von Oursi an der Egg – Teil 15: Ab der 2. Generation nach Oursi (Schluss)

7.2. Teilstamm Nicolai Anderegg

Abb. 67   Nachfahrenbaum von Nicolai Anderegg.

Abb. 68   Farnern aus der Vogelschau.[53]

Geschlecht	Total	Namen		Stand	
		Getauft	Ungetauft	Verheiratet	Ledig
Männlich	363	357	6	173	190
Weiblich	470	469	1	141	329
Im Ganzen	833	826	7	314	519

Abb. 69   Tabelle der Getauften/Ungetauften und Verheirateten/Ledigen der im Anderegg-Buch erfassten Personen.[1]

---

[53] Foto: farnern.ch

7.3. Teilstamm Antoni Anderegg

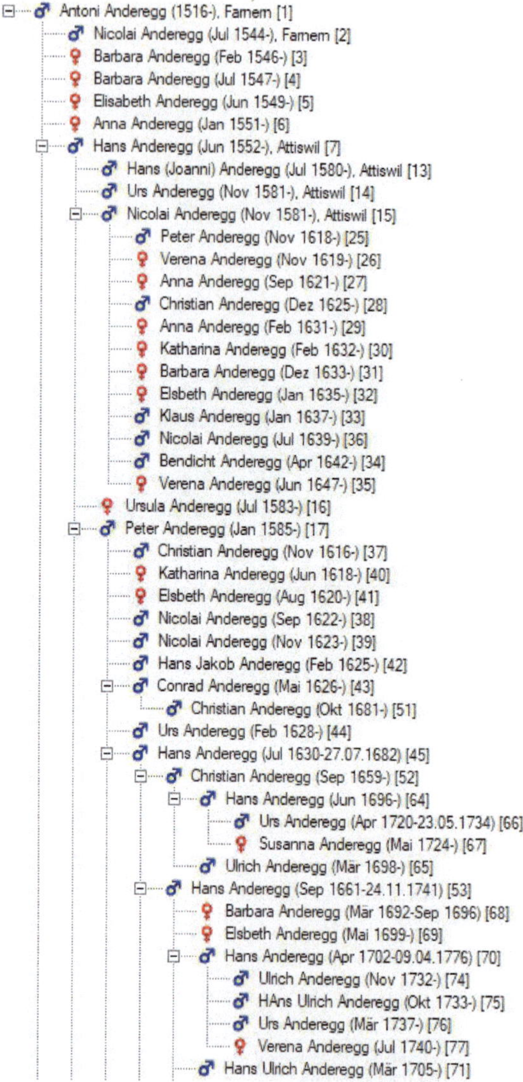

Abb. 70   Nachfahrenbaum von Antoni Anderegg, Teil 1.

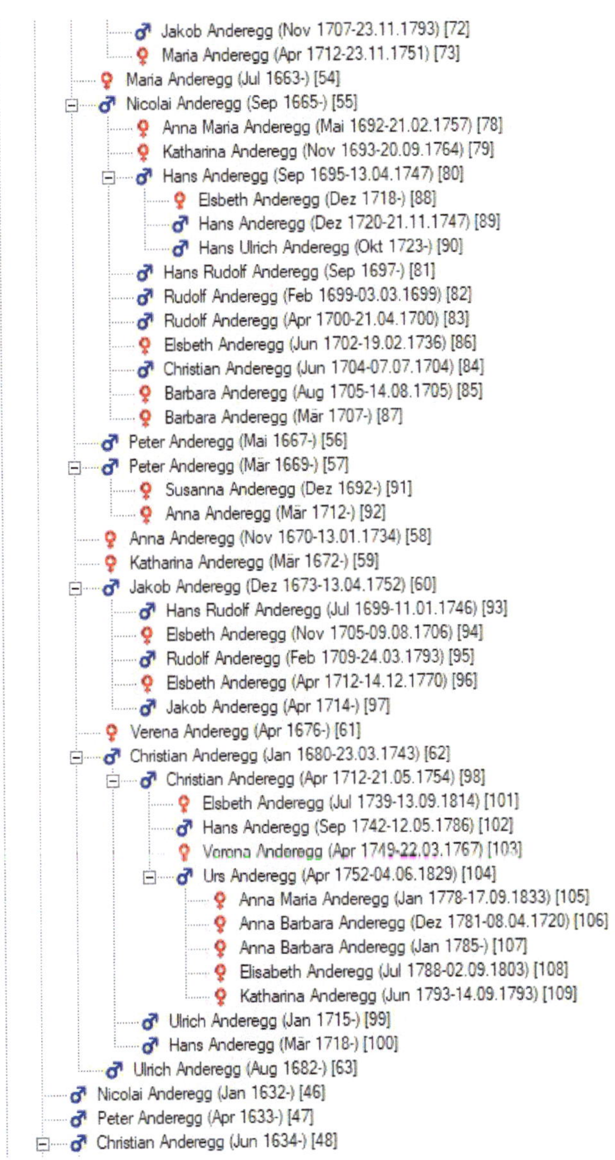

Abb. 71   Nachfahrenbaum von Antoni Anderegg, Teil 2.

♀ Katharina Anderegg (10.07.1664-) [110]
♀ Barbara Anderegg (Jul 1666-) [111]
☐ ♂ Hans Anderegg (Jan 1668-) [112]
    ♀ Barbara Anderegg (Aug 1696-) [116]
    ♂ Hans Jakob Anderegg (Mär 1698-07.12.1778)
♀ Anna Anderegg (Okt 1671-) [113]
♀ Verena Anderegg (Mär 1673-) [114]
♂ Christian Anderegg (Jan 1676-) [115]
♂ Hans Rudolf Anderegg (Aug 1636-) [49]
♂ Ulrich Anderegg (Jan 1589-1614), Attiswil [18]
♀ Elsbeth Anderegg (Jun 1590-) [19]
♂ Christen Anderegg (Okt 1592-) [20]
♀ Anna Anderegg (Jun 1594-) [21]
☐ ♂ Hans Jakob Anderegg (Dez 1595-), Wangen a. A. [22]
    ♀ Verena Anderegg (Nov 1617-) [50]
♂ Andreas Anderegg (Dez 1595-) [23]
♂ Christian Anderegg (Aug 1601-) [24]
♀ Anna Anderegg (Jan 1554-) [8]
♀ Anna Anderegg (Feb 1555-) [9]
♂ Peter Anderegg (Sep 1557-) [10]
♂ Nicolai Anderegg (Jan 1560-) [11]
♂ Peter Anderegg (Okt 1560-06.01.1565) [12]

Abb. 72 Nachfahrenbaum von Antoni Anderegg, Teil 3 und Schluss.

7.4. Teilstamm Hanns Anderegg

Abb. 73 Blick über Rumisberg, Wiedlisbach und Wangen a.A. (von der Bildmitte nach oben).

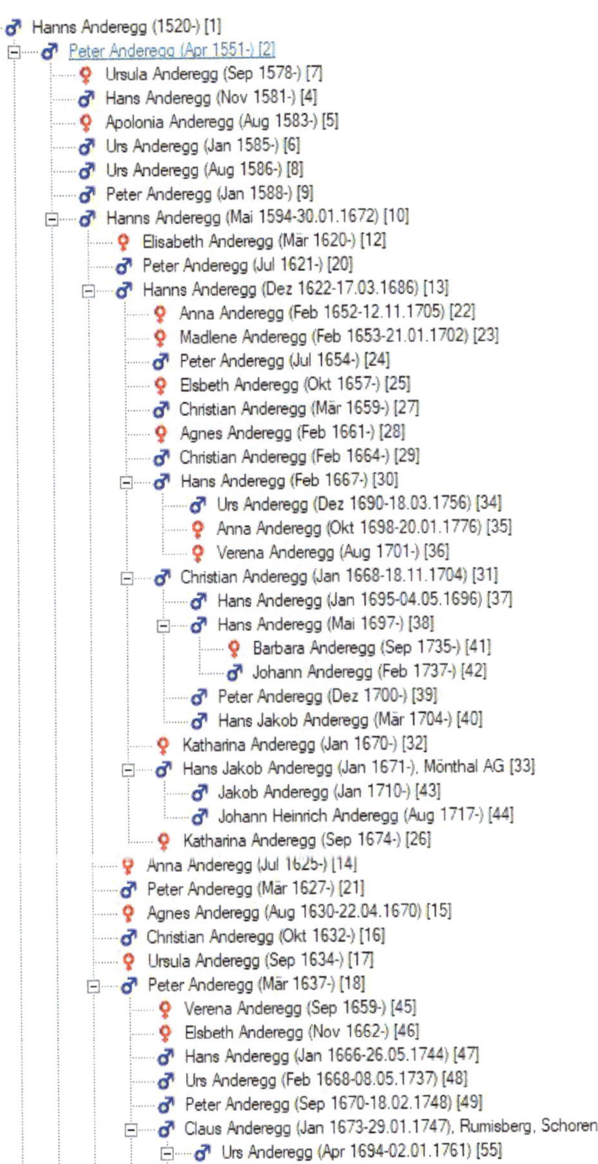

Abb. 74 Nachfahrenbaum von Hanns Anderegg, Teil 1.

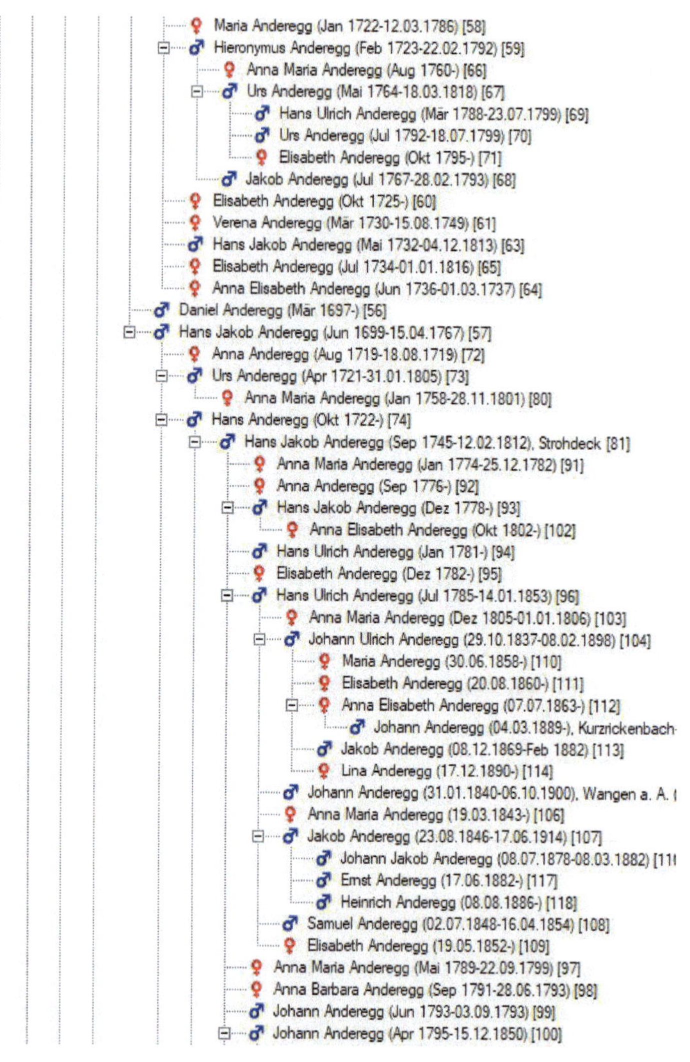

Abb. 75 Nachfahrenbaum von Hanns Anderegg, Teil 2.

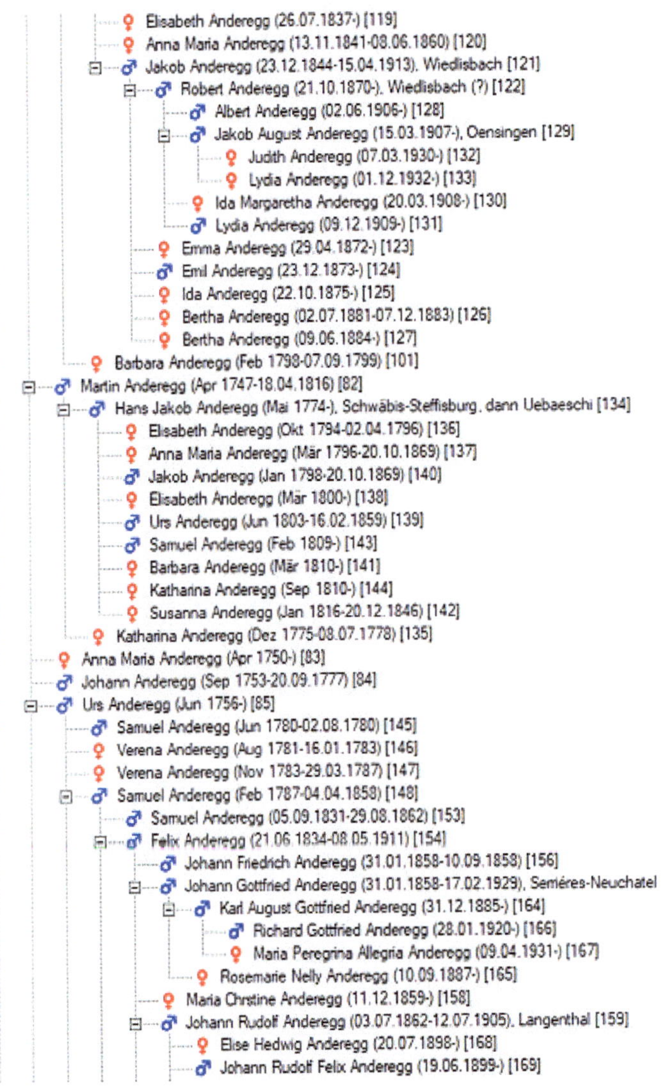

Abb. 76 Nachfahrenbaum von Hanns Anderegg, Teil 3: Ab der 6. Generation nach Hanns.

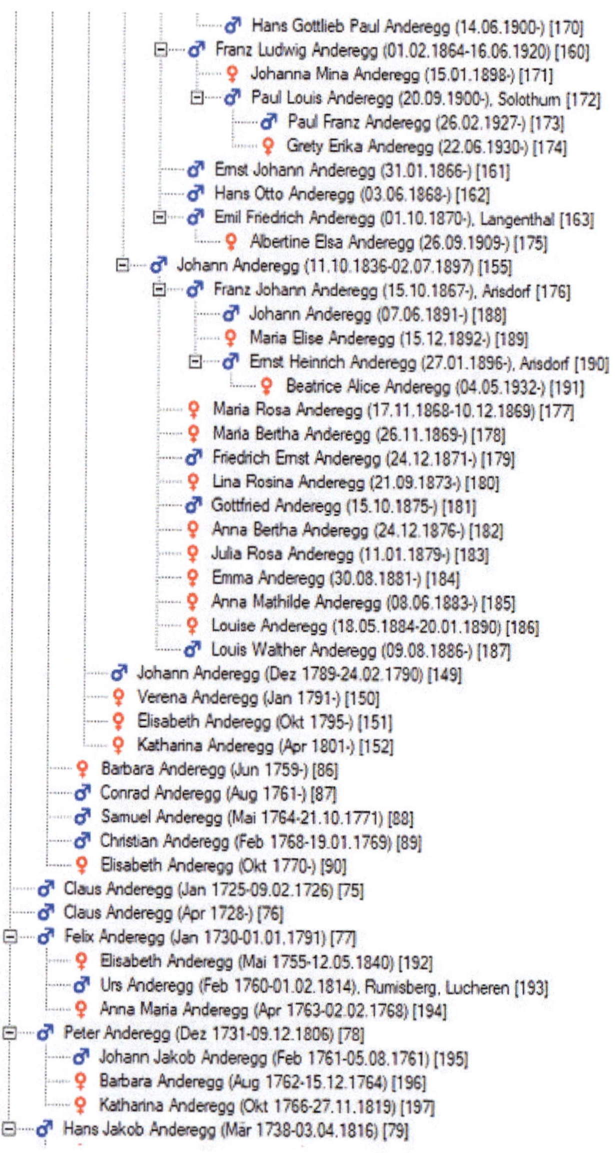

Abb. 77 Nachfahrenbaum von Hanns Anderegg, Teil 4: Ab der 5. Generation nach Hanns.

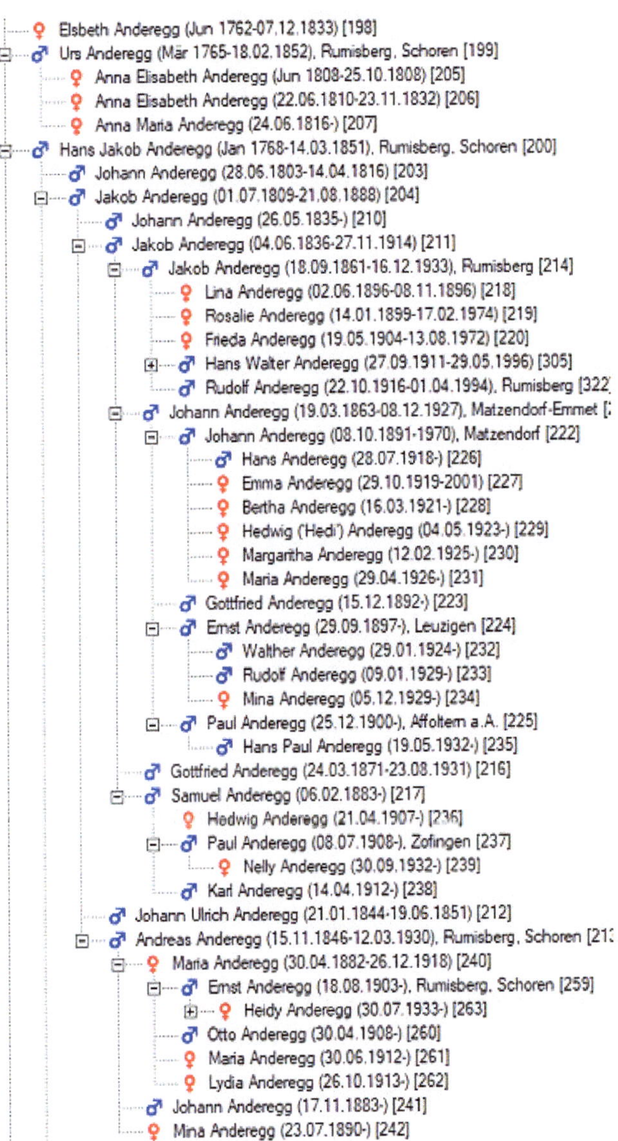

Abb. 78   Nachfahrenbaum von Hanns Anderegg, Teil 5: Ab der 5. Generation nach Hanns.

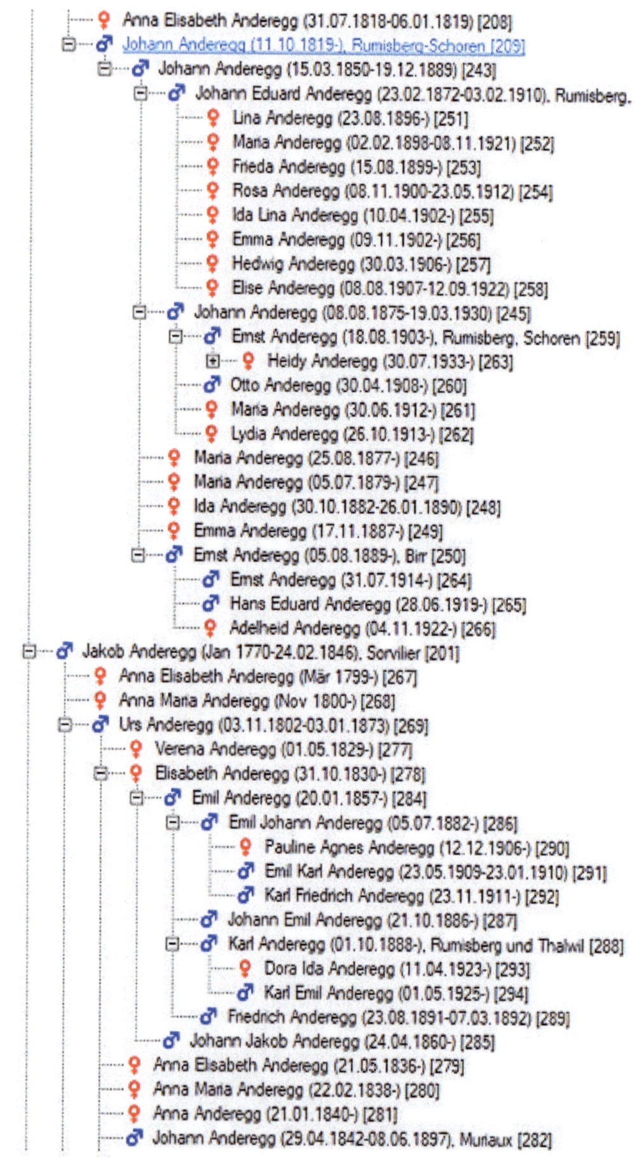

Abb. 79   Nachfahrenbaum von Hanns Anderegg, Teil 6: Ab der 5. Generation nach Hanns.

Abb. 80   Nachfahrenbaum von Hanns Anderegg, Teil 7 (Generationen 1-9) und Schluss .

8. Familiennamen

8.1.   Verteilung des Nachnamens Anderegg in der Schweiz

In der Schweiz gab es noch vor einigen Jahren rund 430 Telefonbucheinträge (Quelle: Twixtel von Twix AG ®; Stand: November 2018) zum Namen Anderegg, während es anno 2006 noch 1446 waren. Dies zeigt auf, dass die Einträge im Telefonbuch durch die verstärkte Mobilfunknutzung stark rückläufig sind. Zudem lassen viele Festnetz-Telefonabonnenten ihre Nummern aus Datenschutzgründen sperren. Die tatsächliche Anzahl der Personen namens ANDEREGG dürfte daher noch um einiges höher liegen.

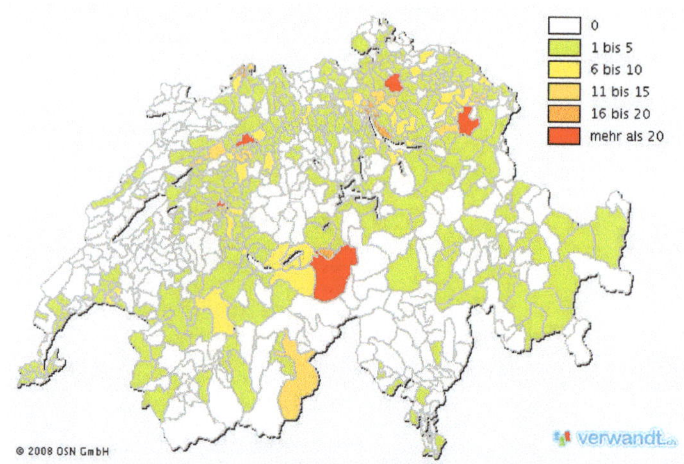

Abb. 81 Absolute Verteilung des Namens ANDEREGG in der Schweiz [Stand: Januar 2018; [Quelle: www.verwandt.de]. Die bekannten «Anderegg-Zentren» in den Räumen Bipperamt, Oberhasli und Goms, Toggenburg und Zürich (letzteres durch primär neuzeitliche Zuzüge entstanden) sind deutlich zu erkennen.

Abb. 82 Das Stöckli des Hofes 'Rüegacher' in Rumisberg.

9. Das Familienwappen

Obwohl sich das vorliegende Werk primär mit der Geschichte und Genealogie der Anderegg-Familien des bernischen Bipperamtes befasst, werden unter diesem Kapitel auch die Wappen derjenigen Anderegg-Familien aufgeführt, die im Berner Oberland, im Wallis, in der Zentralschweiz und im sankt-gallischen Toggenburg angesiedelt sind.

Die Unterschiede zeigen nur in Äusserlichkeiten, die Symbolik bleibt sich gleich: Es ist die Symbolik des Eckens, "der Egg, Eggen".

Abb. 83 Das Anderegg-Wappen: In Blau ein silberner Dreiecksparren, umgeben von vier sechsstrahligen, goldenen Sternen. [Quelle: Burgerbibliothek Bern]

9.1. Oberaargauer Anderegg

Die Anderegg im Oberaargau nahmen ihre Verbreitung von einem Hof in Rumisberg aus. Es ist selbstverständlich, dass für das Burgergeschlecht von Rumisberg, Attiswil, Oberbipp, Wiedlisbach, Wangen an der Aare und Koppigen das gleiche Wappen besteht.[1]

Abb. 84 Das Andereggsche Familienwappen in der Silber- und Weiss-Variante.[1]

Im XVIII. Jh. geriet das Wappen, weil kein Anlass zur Verwendung desselben vorlag, etwas in Vergessenheit. Amtsgerichtsschreiber Johann Heinrich Anderegg in Wangen a.A. (1800-1876) forschte nach dem Wappen der Anderegg-Oberaargau, indem er sich als gewissenhafter Jurist nicht auf blosse mündliche Angaben älterer Leute, denen das Wappen von ihren Vorfahren her noch bekannt war, verlassen wollte, In seiner Amtsstelle gingen ihm viele Urkunden durch die Hände, und er hatte auch Gelegenheit, in den Gemeindearchiven Umschau zu halten. Auf Grund seiner viele Jahre hindurch betriebenen Studien war er dann in der Lage, gestützt auf ein authentisches Material das Wappen festzustellen. Er liess dasselbe auf eine Anzahl Porzellanpfeifenköpfe brennen und verteilte die Pfeifen an Vertreter des Geschlechts Anderegg, so an die Lehrer Samuel und Felix Anderegg. Leider besteht, soweit bekannt, keine der Pfeifen mehr. Auch das gesammelte Aktenmaterial über das Geschlecht Anderegg-Oberaargau, von welchen s. Zt. Samuel Anderegg, Professor F. Anderegg, Bürstenfabrikant Jakob Vogel und andere Interessenten Einsicht bekommen hatten, konnte nach dem Hinschied von Johann Heinrich Anderegg nicht mehr aufgefunden werden.

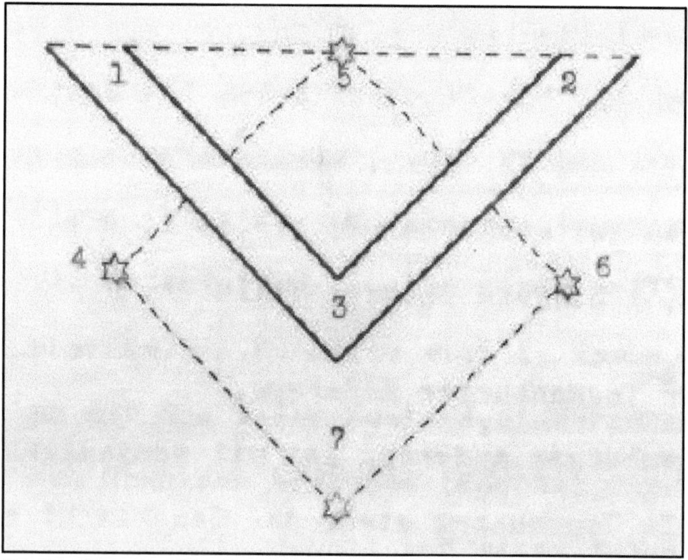

Abb. 85 Diese räumliche Darstellung von 7 Ecken ergibt sich aus dem Dreieck des Sparrens und dem Viereck, der Sterne. Es ist auch das Symbol der Zahl 7.- Nach den im Mittelalter den "sieben Farben" des Regenbogens gegebenen Deutungen zeugt das Wappenbild in der Grundfarbe blau von "Liebe", im weiss (Planetenauslegung von Silber) des Sparrens von "Güte" und im Gold (Planetenauslegung von gelb) der Sterne von "Treue". Daraus ergibt sich für die Familie der Wahlspruch (Devise): "Liebe - Güte - Treue".

Das historische Wappen der Oberaargauer Anderegg weist im blauen Feld einen silbernen Dreiecksparren auf, der von vier (im Quadrat stehenden) sechsstrahligen goldenen Sterilen umgeben ist. Der Sparren und die Sterne zeigen das Symbol der Ecke ("Egg, Eggen") in siebenfacher Weise.

Auffallend ist, dass das gleiche Wappen, wie die Anderegg-Oberaarau, auch das schwedische Geschlecht van der Egk besitzt, wie die Wappen-forschungen von Amtsgerichtsschreiber Anderegg ergeben haben. Anderegg dehnte seine Forschungen nämlich auch auf Schweden aus, weil er offenbar angenommen hatte, das Geschlecht sei schwedischen Ursprungs.

Das Anderegg-Wappen findet sich im Burgerratssaal der Stadt Wangen a/A. unter den Wappen der alten Burgergeschlechter.

Ein ähnliches Wappen, wie die Anderegg-Oberaargau, weist auch das Geschlecht de Monthey, das im Mannesstamm 1903 mit Ständerat Ferdinand de Monthey ausstarb, auf: im blauen Feld ein silberner, jedoch aufwärtsgerichteter Dreiecksparren, flankiert von drei goldenen sechs-strahligen Sternen. Der Sittener Zweig "de Montheis" änderte dieses, seit Mitte des XV. Jh. bekannte Wappen im VI. Jh. folgendermassen ab: gevierter Schild, im 1. und 4. Feld das alte Wappenbild, im 2. und 3. Feld Chevron-Villeten.

9.2. Toggenburger Anderegg

Das Wappen der Toggenburger Anderegg ist mit demjenigen der Oberaargauer identisch. In Toggenburg ging das Geschlecht ebenfalls um die Wende des XV. / XVI. Jh. von einem Hof aus, vom Hof an der Egg (auch: auf der Egg) beim Wattwiler Frauenkloster Pfannersegg. Die Burger von Wattwil, Ebnat, St. Peterzell und Oberhelfenswil, welche bis 1803 nur ein Landbürgerrecht besassen, haben einheitlich dieses Wappen (Abb. 86). Das Wappen ist in der Simultankirche von Wattwil an einer halbkugelförmigen Stukkatur angebracht (s. S. 32, Abb. 18). Die beiden Schenkel des Sparrens scheinen daher im Bild gebogen; die Geradlinigkeit des Sparrendreiecks wird in einer ob dem Wappen angebrachten Legende nachgewiesen.

Im Kirchspiel Wattwil gab es unter den Bodenzinspflichtigen Träger des Namens Anderegg. Grundstücke dieser an der Egg hatte nach. dem Urbar vom 4. September 1494 Heini an der Egk inne:
"Item <u>Haini an der Eck</u> hat empfangen alle ein Trager: Hansen an der Egk, sies Vatters, sein Huss, Hoff und alle Güter, so er aneinandre uff der Eck hett. Stost unne an der Schwöstere an Pfanersegg (Frauenkloster Wattwil) Gutt, unne an Uli Hoffaman, nebst ad Hänsli am Bül (Ambühl), am Bach, und opsich an Groben (Grob)."[1]

Abb. 86 Das Wappen der Toggenburger Anderegg im Anderegg-Buch.

9.3. Oberhasler Anderegg

Das Wappen stimmt in den Farben mit denjenigen der Oberaargauer und Toggenburger Anderegg überein. Nur tritt durch den angebrachten Dreiberg noch grün hinzu. Das Wappenbild zeigt jedoch statt des Dreiecksparrens das vier Ecken bildende Hackenkreuz und statt vier bloss zwei goldene sechsstrahlige Sterne. (Abb. 87).

Abb. 87 Das Wappen der Oberhasler Anderegg im Anderegg-Buch.

<u>Variationen von Anderegg-Wappen</u> kennt man vom Oberaargau, Goms und Toggenburg je nur eine; dagegen gibt es im Oberhasle eine Anzahl Variationen als Wappen bestimmter Familien:

A. Oberhasler Variation: Wappen von Kaspar an der Egg. Auf blauem Grund über grünem Dreiberg ein Silbersparren in Form eines "Z". (Abb. 88.1). Im Berner Landesmuseum (heute: Bernisches Historisches Museum) befindet sich eine Glasscheibe von 1589, welche die Bilder von Kaspar an der Egg und seiner Frau mit dem Wappen aufweist.

B. Oberhasler Variation: Wappen des Petrus an der Egg. Auf blauem Grund zwischen zwei goldenen sechsstrahligen Sternen ein hacken-kreuzförmiger Silbersparren über dem grünen Dreiberg.- Petrus an der Egg führte sein Wappen auch im Siegel. Es ist ein altes grosses Siegel. (Abb. 88.2).

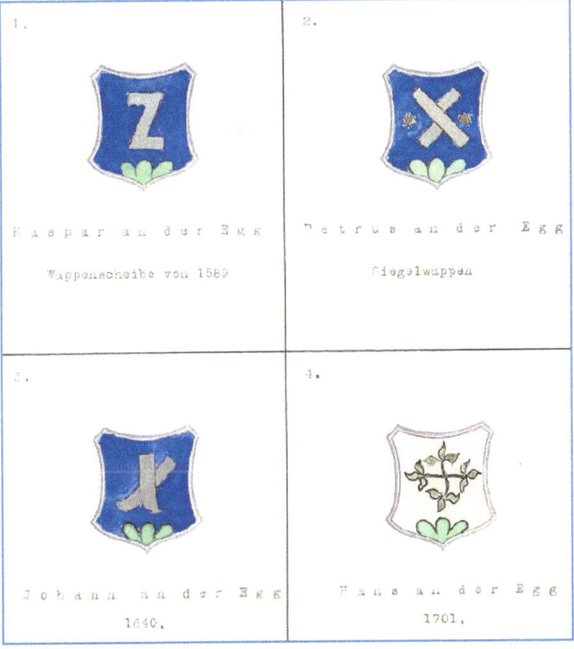

Abb. 88 Variationen des Wappens der Oberhasler Anderegg im Anderegg-Buch.

C. Oberhasler Variation: Wappen von Johann an der Egg, 1640. Auf blauem Grund ein X-förmiger Silbersparren über dem grünen Dreiberg. Das Wappen befindet sich im Oberhasler Museum in Meiringen. (Abb. 88.3).

D. Oberhasler Variation: Wappen von Hans an der Egg,1701. Auf hell-blauem Grunde vier gekreuzte goldene Lilien-Blätter über dem grünen Dreiberg. Auch dieses Wappen befindet sich im Oberhasler Museum in Meiringen. (Abb. 88.4.).

E. Oberhasler Variation: Wappen von Melchior an der Egg,1722. Auf rotem Feld ein Silbersparren in der Form eines X, zwischen zwei goldenen sechsstrahligen Sternen über dem grünen Dreiberg. Dieses Wappen ist an der Innenwand der Gadmenkirche. (Abb. 89.1)

F. Oberhasler Variation: Wappen von Isaac an der Egg,1722. Auf blauem Grund über dem grünen Dreiberg eine goldene Lilie und unter derselben der „nidsich" gehende silberne Mond. Dieses Wappen befindet sich ebenfalls in der Kirche von Gadmen. (Abb. 89.2).

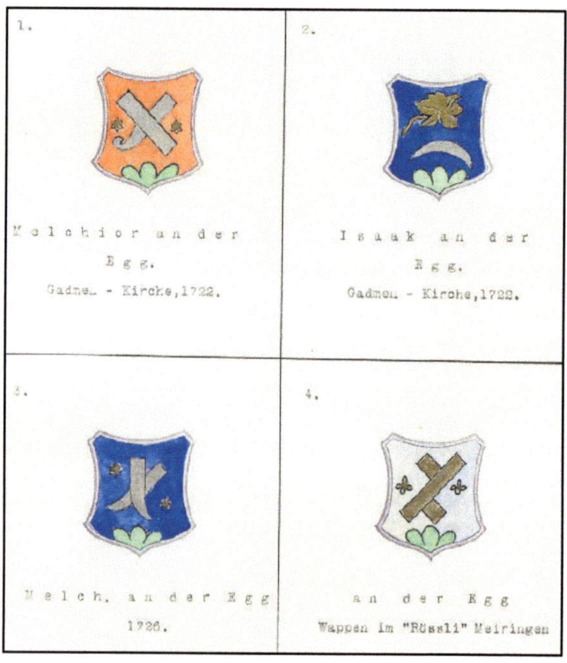

Abb. 89 Weitere Variationen des Wappens der Oberhasler Anderegg im Anderegg-Buch.

G. Oberhasler Variation: Wappen von Melchior an der Egg,1726. Auf blauem Grund ein X-förmiger Silbersparren zwischen zwei goldenen sechsstrahligen

Sternen über dem grünen Dreiberg. Das Wappen befindet sich im Museum Oberhasle zu Meiringen. (Abb. 89.3).

H. Oberhasler Variation: Wappen im Gasthof z. Rössli zu Meiringen. Auf hellblauem Grund zwischen zwei grünen Vierblättern ein goldener Hackenkreuz-förmiger Sparren über dem grünen Dreiberg. Der Hauptteil des Sparrens geht nicht, wie im eigentlichen Oberhasler Anderegg Wappen von rechts nach links, sondern von links nach rechts. (Abb. 89.4)

Im Gastzimmer des Rössli zu Meiringen sind die Wippen der alten Oberhasler Geschlechter angebracht. Dabei hat der Maler offenbar seine Fantasie etwas stark walten lassen; dies zeigt namentlich das sogenannte Anderegg Wappen.

9.4. Gommer Andereggen

Das seit 1347 bekannte Wappen der Andereggen von Goms (an der Eggen, an der Egg) zeigt auf rotem Grund über dem grünen Dreiberg einen goldenen sechsstrahligen Stern in der Ecke eines silbernen abwärts gerichteten Dreiecksparrens (Abb. 90). Die deutschen Walliser sollen in früheren Zeiten viel ausgewandert sein. Die freien Walser werden auf solche Auswanderer zurückgeführt. Das Staatsarchiv Sitten besitzt zwar keine Urkunden, welche dies bestätigen. Dass aber an der Eggen von Goms auswanderten, geht aus dem Obwaldner Ratsprotokoll hervor: Am 29. August 1618 wurde ein Georg an der Egg aus dem Wallis, im Jahre 1671 ein Thomas an der Egg, ebenfalls aus dem Wallis, in Obwalden als Hintersäss angenommen; sie brachten das Gomser an der Eggen-Wappen mit.

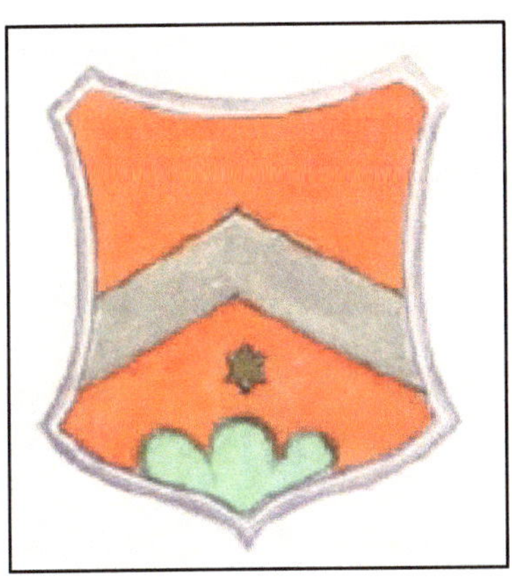

Abb. 90 Das Wappen der Gommer Andereggen im Anderegg-Buch.

Wahrscheinlich war auch jener Kaspar an der Egg, welcher 1616 unter den Burgern von Menzingen im äusseren Amt des eidg. Orts "Land Zug" aufgeführt wird[54], ein eingewanderter Gommer.

Gommer Wappenvariation: Diese ist fast so alt wie die Hauptform; sie unterscheidet sich von derselben nur dadurch, dass der Silbersparren durch das ganze Feld geht. Die Spitze des Sparrens berührt di Mitte des oberen Schildrandes:

Abb. 91   Eine sehr alte Nebenform des Wappens der Gommer Andereggen im Anderegg-Buch.

Toggenburger Variation: Wappen von Claus an der Egg am Krützenberg und Rosina Hofstetterin, seiner Hausfrau,1660. Auf gelbem (goldenen) Grund sechs grüne Lindenblätter, von denen je drei untereinanderstehend, mit den Stängeln verbunden sind. (Abb. 92). Eine farbige Scheibe mit diesem Wappen findet sich im toggenburgischen Museum zu Lichtensteig.
Dieses Wappen lehnt sich an das Familienwappen der am Eggeli in Appenzell. Dem Diminutivum von an der Egg, am Eggeli, entsprechend hat das appenzellische Wappen nur die einfache Figur, also auf gelben (goldenen) Grund drei mit den Stängeln verbundene grüne Lindenblätter (Abb. 93).

Das Geschlecht „am Eggeli" soll sich vom Hof "am Eggeli" (jetzt Zollmoos) in der Rhode Schwende in den Flecken Appenzell verpflanzt haben. Einer aus diesem Geschlecht, Hans am Eggeli, war beim Eintritt des Landes Appenzell in den eidgenössischen Bund 1513 Landammann von Appenzell. Dann tritt er mehrmals als Bote Appenzells an den eidgenössischen Tagsatzungen auf.

---

[54] Stadlin Franz Carl, Topografie des Kantons Zug (1818-24)

Abb. 92 Wappen von Claus an der Egg am Krützenberg im Anderegg-Buch

Ein Sohn, der Venner Hans am Eggeli, fiel 1515 bei Marignano. Ein Bruder des Landammanns, Joachim am Eggeli, war zunächst Landschreiber, dann von 1553-65 Mitglied des Kleinen Rats. Dessen Sohn, Schildwirt Joachim am Eggeli in Appenzell, spielte eine hervorragende politische Rolle; er war mehrmals Landammann, nahm als Bote des Landes Appenzell bis 1586 an ca. 90 eidgenössischen Tagsatzungen teil und war 1582 Abgeordneter zum Bundesschwur in Paris. - Das Geschlecht „am Eggeli" besteht heute nicht mehr.

Abb. 93 Wappen der Familie «am Eggeli», Appenzell, im Anderegg-Buch

9.5. Obwaldner Anderegg

Die Obwaldner Anderegg besassen ein ähnliches Wappen wie die Oberhasler. Dies lässt sich aus dem steten freundschaftlichen Verkehr zwischen den Bewohnern der alten reichsfreien Länder Unterwalden und Oberhasle erklären. Ein Hanns an der Egg von Oberhasle z.B. hatte sich in Kerns, wo das alte Kilchergeschlecht „An der Egg" schon bestand, niedergelassen und 1556 das Landrecht von Obwalden erworben (Küchler, Chronik von Kerns 1886, p.66). – Im Dom zu Mailand soll auf einer Erinnerungstafel an Schweizersöldner in Mailänder Diensten u.a. auch das Anderegg Wappen von Obwalden angebracht sein; wirklich fand sich unter den Gefallenen bei Marignano 1515 ein Kaspar an der Egg.

9.6. Weitere Wappen-Varianten

Die folgenden Wappen aus der Sammlung des Staatsarchivs Bern werden ohne Gewähr widergegeben. Es ist damit keine amtliche Registrierung und kein rechtlicher Schutz verbunden.

Abb. 94 Die Andereggschen Wappen aus dem Berner Staatsarchiv.
[Quelle: www.be.ch/staatsarchiv]

9.7. Wappen auf Grabsteinen

Auf den Grabsteinen verstorbener Familienangehöriger ist das Wappen der Anderegg- Familien auch immer wieder zu sehen.- Zwei Beispiele zeigen die folgenden beiden Bilder.

Abb. 95 Das Andereggsche Wappen Seite an Seite mit dem Wappen der Familie Moll. Diese Darstellung entspricht einem sogenannten «Allianzwappen». Das Foto zeigt den Grabstein des Vaters des Autors.

Abb. 96 Das Andereggsche Wappen auf dem Grabstein von Hans Anderegg-Bucher.

10. Heimatgemeinden (Bürgergemeinden)

Auszug aus dem Familiennamenbuch der Schweiz:

Name	Kanton	Gemeinde	Einbürgerung	Herkunftsort
Moll	AG	Niederwil	1954	(A)
Moll	BE	Biel	a	
Moll	BE	Renan	1917	(D)
Moll	BE	Thun	1950	(D)
Moll	BL	Binningen	1912, 1925	(D)
Moll	BS	Basel	1937	*
Moll	BS	Basel	1901, 1916, 1926	(D)
Moll	BS	Basel	1903	(Dulliken SO)
Moll	BS	Basel	1926	(F)
Moll	BS	Basel	1940	(Oberhof AG)
Moll	BS	Basel	1931, 1933, 1956	(Starrkirch-Wil SO)
Moll	GE	Genève	1871	*
Moll	GE	Genève	1900	(D)
Moll	GE	Genève	1962	(Zürich ZH)
Moll	JU	Bonfol	1916	(D)
Moll	LU	Luzern	1952	(Dulliken SO)
Moll	NE	Neuchâtel	1873	(D)
Moll	NE	Saint-Aubin-Sauges	1907	(Dulliken SO)
Moll	SG	Flawil	1942	(D)
Moll	SO	Dulliken	a	
Moll	SO	Egerkingen	a	
Moll	SO	Härkingen	a	
Moll	SO	Lommiswil	a	
Moll	SO	Lostorf	a	
Moll	SO	Niederbuchsiten	a	
Moll	SO	Olten	1895	(Dulliken SO)
Moll	SO	Olten	1892	(Lostorf SO)
Moll	SO	Olten	1868	(Wangen bei Olten SO)
Moll	SO	Olten	1905	(Dulliken SO)
Moll	SO	Solothurn	1917	(Dulliken SO)
Moll	SO	Starrkirch-Wil	a	
Moll	SO	Winznau	1877	(Lostorf SO)

Name	Kanton	Gemeinde	Einbürgerung	Herkunftsort
Moll	TG	Halden	1927	(D)
Moll	TG	Kreuzlingen	1934	(D)
Moll	TG	Warth	1923	(D)
Moll	VD	Corcelles-près-Payerne	1960	(D)
Moll	VD	Lausanne	1956	(Dulliken SO)
Moll	VD	Pizy	1951	(D)
Moll	VS	Leytron	b	
Moll	VS	Riddes	1871	*
Moll	ZH	Langnau am Albis	1955	(Starrkirch-Wil SO)
Moll	ZH	Laufen-Uhwiesen	1842	(I)
Moll	ZH	Schlieren	1895	(D)
Moll	ZH	Winterthur	1885	(Lostorf SO)
Moll	ZH	Zollikon	1921	(D)
Moll	ZH	Zürich	1896	(D)
Moll	ZH	Zürich	1921, 1949	(D)
Moll	ZH	Zürich	1919, 1958	(Dulliken SO)
Moll	ZH	Zürich	1956	(Genève GE)
Moll	ZH	Zürich	1956	(Winterthur ZH)

[Quelle: http://www.hls-dhs-dss.ch/famn/index.php]
Familiennamenbuch der Schweiz; (Schulthess Polygraphischer Verlag, Zürich 1989)

Das Familiennamenbuch der Schweiz enthält in der amtlichen Schreibweise die Namen der Geschlechter, die 1962 in einer schweizerischen Gemeinde das Bürgerrecht besassen. Einzelpersonen sind nicht aufgenommen worden, da diese zufolge Tod, Verheiratung usw. oft nur kurze Zeit im Familienregister figurieren.
Nach dem Familiennamen folgen innerhalb der alphabetisch geordneten Kantone

- die Namen der Heimatgemeinden (Bürgergemeinden) in der amtlichen Schreibweise.
- das Jahr der Verleihung des Bürgerrechtes. Ist dieses unbekannt, so ist der Zeitabschnitt vermerkt, in dem das Bürgerrecht erworben wurde: "vor 1800", "im 19. Jh." oder "zwischen 1901-1962".
- die Herkunft.
  Bei Schweizern ist der frühere Bürgerort in Klammern aufgeführt. Bei eingebürgerten Ausländern ist der frühere Heimatstaat angegeben. Es werden die im allgemeinen Schriftverkehr üblichen Abkürzungen verwendet.

Ein Stern (*) bedeutet, dass die Herkunft nicht bekannt ist oder dass das Bürgerrecht auf Grund besonderer gesetzlicher Bestimmungen (Adoption, Scheidung usw.) besteht.

11. Familienstammbäume

11.1. Auffindung von Daten: Personen, Geburts-, Heirats- und Todesdaten

Die einfachste Art, zu solchen Daten zu gelangen, ist die Nachfrage bei verwandten Personen. Dabei sollte man immer daran denken, dass mit jeder älteren Person, die verstirbt, wieder eine mögliche Quelle versiegt, die über die Familiengeschichte hätte Auskunft geben können.

Die Erfahrung zeigt auch, dass das Wissen über deren Geschichte von der einen Familie zur anderen sehr stark differiert: Während bei den einen gut gehütete und aktualisierte Stammbäume bestehen, fehlt bei anderen schon das Wissen um die Namen und Lebensdaten der Urgrosseltern. Hilfe findet man in diesen Fällen z.B. auf Zivilstandsämtern, die (allerdings meist nur gegen Bezahlung) auf konkrete Nachfrage hin Kopien aus den Zivilstandsbüchern und Bürgerfamilienregistern erstellen (vgl. Abb 97).

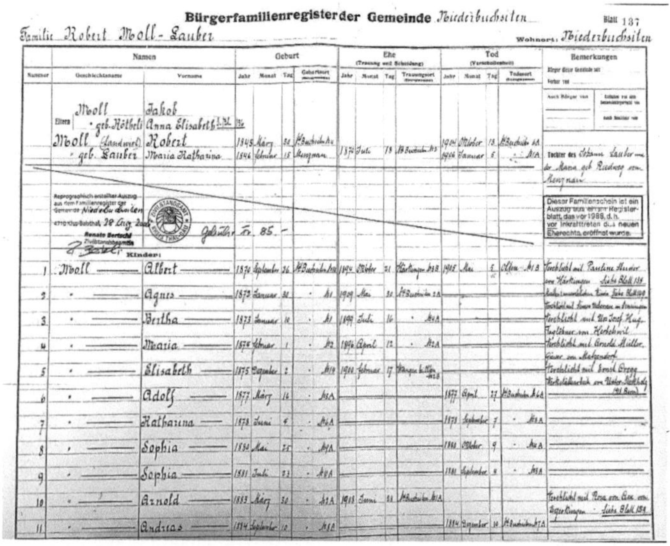

Bürgerfamilienregister der Gemeinde Niederbuchsiten — Blatt 137

Familie Robert Moll-Lauber — Wohnort: Niederbuchsiten

Nummer	Geschlechtsname	Vorname	Geburt Jahr	Monat	Tag	Geburtsort	Ehe Jahr	Monat	Tag	Trauungsort	Tod Jahr	Monat	Tag	Todesort	Bemerkungen
Eltern	Moll	Jakob													
	geb. Hötbeli	Anna Elisabeth													
	Moll (Landwirt)	Robert	1845	März	30	N'Buchsiten	1870	Juli	18	N'Buchsiten	1904	Oktober	13	N'Buchsiten	
	geb. Lauber	Maria Katharina	1846	Februar	15	Kestenholz					1906	Januar	6		Tochter des Johann Lauber und der Maria geb. Rudolf von Kestenholz
Kinder:															
1	Moll	Albert	1870	September	26	N'Buchsiten	1894	Oktober	31	Härkingen	1905	Mai	5	Olten	Verehelicht mit Pauline Studer von Härkingen. Siehe Blatt 151
2	"	Agnes	1872	Januar	31	"	1909	Mai	31	N'Buchsiten					
3	"	Bertha	1873	Januar	10	"	1899	Juli	16	"					Verehelicht mit Urs Josef Hug, Taglöhner von Herbetswil
4	"	Maria	1874	Februar	1	"	1896	April	12	"					Verehelicht mit Arnold Müller
5	"	Elisabeth	1875	Dezember	2	"	1900	Februar	17						Verehelicht mit Ernst Gregg
6	"	Adolf	1877	März	16	"					1877	April	27	N'Buchsiten	
7	"	Katharina	1878	Juni	4	"					1878	September	7	"	
8	"	Sophia	1880	Mai	25	"					1880	Oktober	9	"	
9	"	Sophia	1881	Juli	23	"					1881	September	9	"	
10	"	Arnold	1883	März	30	"	1908	Juni	11	N'Buchsiten					Verehelicht mit Rosa von Arx von Egerkingen. Siehe Blatt 158
11	"	Andreas	1884	September	10	"					1884	Dezember	10	N'Buchsiten	

Dieser Familienschein ist ein Auszug aus einem Registerblatt, das vor 1988, d.h. vor Inkrafttreten des neuen Eherechts, eröffnet wurde.

Reprographisch erstellter Auszug aus dem Familienregister der Gemeinde Niederbuchsiten. 4710 Klus-Balsthal, 28. Aug. — Renato Bertschi, Zivilstandsbeamter — Gebühr Fr. 85.–

Abb. 97 Auszug aus dem Bürgerfamilienregister der Gemeinde Niederbuchsiten SO

Eine weitere Möglichkeit, die allerdings in der Regel mit einem grossen Zeitaufwand verbunden ist, ist der Besuch im Staatsarchiv des Kantons.

Das Staatsarchiv bewahrt gemäss § 7. Abs. 1 des Archivgesetzes vom 25. Januar 2006 (BGS 122.51) die archivwürdigen amtlichen Dokumente der Behörden auf.

Auskünfte über Archivbestände werden in der Regel kostenlos erteilt. Bei aufwändigen Nachforschungen wird der Zeit- und Arbeitsaufwand verrechnet (aktuell 175 Franken pro Stunde für wissenschaftliche Nachforschungen, 95 Franken pro Stunde für nichtwissenschaftliche Nachforschungen gemäss der Weisung über den Vollzug des Gebührentarifs vom 29. Juni 1993).

11.2. Datenbanken und Darstellung von Stamm- und Nachfahrenbäumen

Es gibt eine ganze Reihe von Möglichkeiten, Familienstammbäume darzustellen.

Die einfachste Variante ist das Zeichnen eines Stammbaumes von Hand. Dies bietet sich vor allem für einfachere Stammbäume an und solche, die vom bzw. von der Zeichnenden noch mit Dekorationen versehen werden möchten, die das Bild der Vorfahren ansehnlicher gestalten.

Wird ein Stammbaum komplexer, bietet sich heute die Nutzung einer dafür geeigneten Software an. Eine gute Software verfügt über die Möglichkeit Fotos einzubinden, Ahnen- und Nachfahrentafeln auszudrucken und verfügt zudem über eine sogenannte Gedcom-Schnittstelle, die den Datenaustausch von Programm zu Programm ermöglicht.

Ein gutes Beispiel dafür ist «Ahnenblatt", entwickelt von Dirk Böttcher; im Handel seit 2001 (läuft nur unter Windows): diese bietet die Möglichkeit zur Einbindung von Fotos und verfügt über eine Gedcom-Schnittstelle.
Preis: 39,00 €; zu beziehen über: www.ahnenblatt.de

Die vom Autor bis dato verwendete Software "Ahnenforscher" von R. Schlauri: http://www.ahnenforscher.ch/ war bis vor kurzem das wohl verbreitetste Programm unter Schweizer Forschern. Leider gibt es jedoch keine regelmässigen Updates mehr. - "Ahnenforscher" ist an und für sich ein einfach zu benutzendes Programm für die Ahnenforschung. Man kann damit unter anderem

- Forschungsdaten eingeben, ändern und auf vielfältige Weise darstellen
- Vorfahren- und Nachkommen-Darstellungen und Grafiken erstellen
- komplette Webseiten mit Ihren Forschungsdaten erstellen und an interessierte Personen weitergeben oder auf dem Internet publizieren

- Statistiken zu Ihren Daten sich anzeigen lassen

Das „Handbuch Ahnenforscher 2000» ist im Internet immer noch einsehbar:
ahnenforscher.ch/download/handbuch.pdf

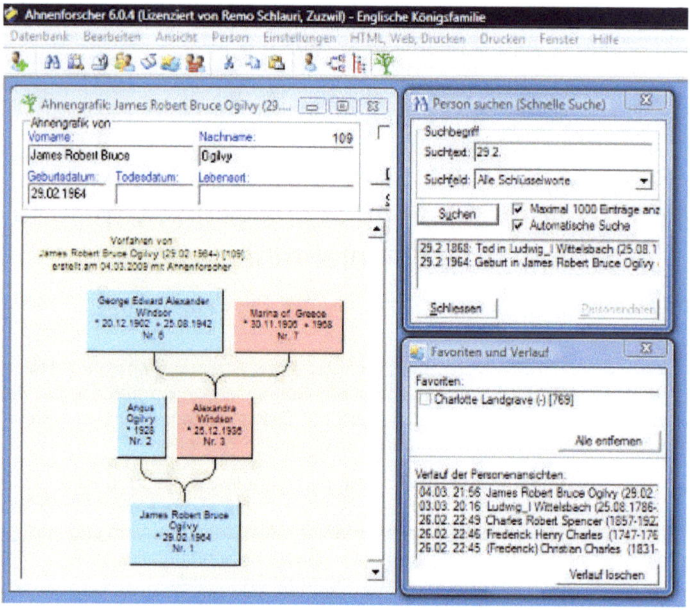

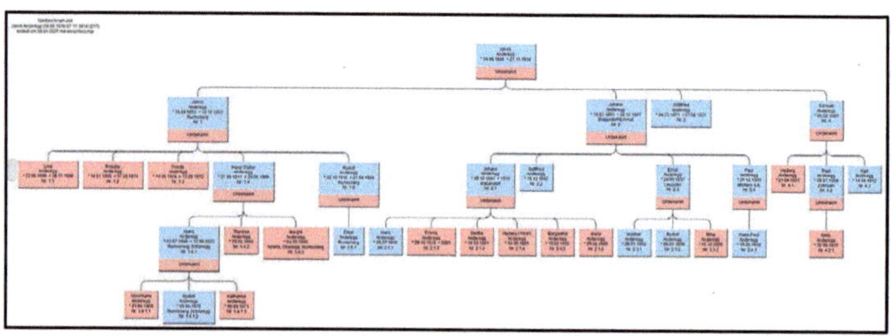

Abb. 98 Bildschirmpräsentation der Software "Ahnenforscher"

Abb. 99 Ausgedruckte Stammbaum-Darstellung mit der Software "Ahnenforscher".
Hellblau koloriert sind männliche Personen, rosa die weiblichen.

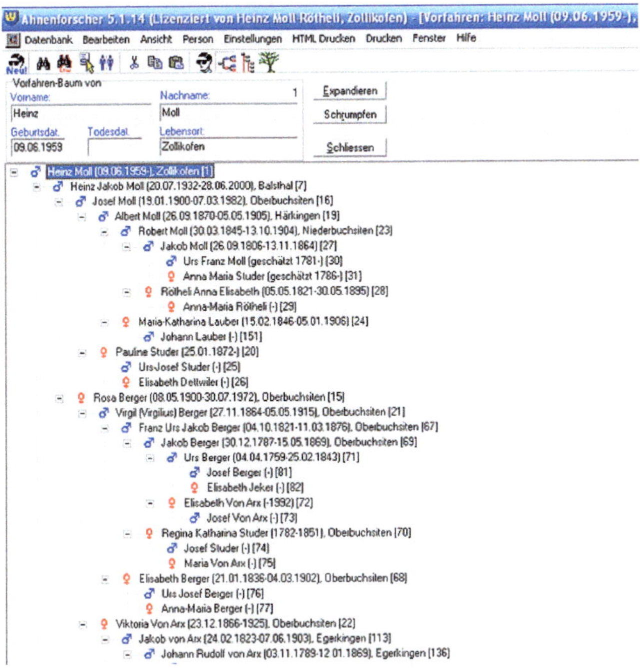

Abb. 100 Ausschnitt einer Vorfahrenbaum-Darstellung im Listenformat mit der Software "Ahnenforscher".

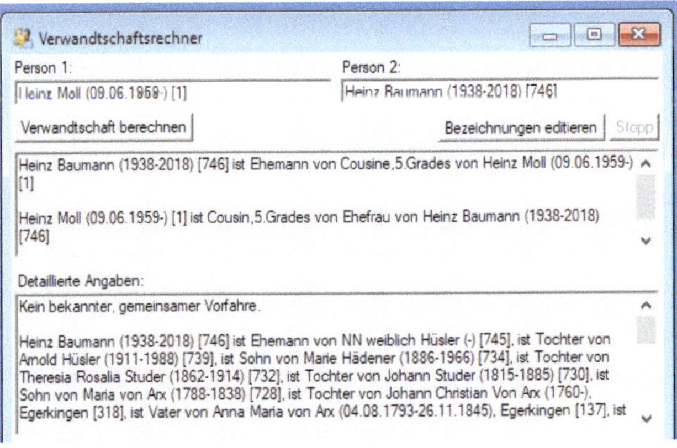

Abb. 101 Ausschnitt einer „Verwandschaftsrechnung" mit der Software "Ahnenforscher".

12. Ihr eigener Stammbaum

Falls dieses Buch bei Ihnen Interesse gefunden hat, Sie den Namen "Anderegg" tragen, aus dem nördlichen Teil des Kantons Bern (insbesondere dem Bipperamt) stammen und Sie an weiteren Angaben zu Ihren genealogischen Wurzeln interessiert sind, bin ich als Autor gerne bereit, Ihnen aus meiner umfangreichen Datenbank detaillierte Angaben zu übermitteln. Dazu benötige ich möglichst genaue Angaben zu Ihrem Zivilstand, namentlich Geburtsdatum und –ort und Heimatgemeinde sowie mit Vorteil die Ihnen bereits bekannten Namen und Lebensdaten Ihrer Vorfahren der letzten Generationen.

Sie können mir diese Daten per Post oder, noch einfacher, per Mail zukommen lassen. Sie finden meine aktuellen Koordinaten im Internet unter www.themollfamily.com oder auch im Telefonbuch.

Ob NamensträgerIn "Anderegg" oder nicht: Ich hoffe, in Ihnen als Lesende/n mit dem vorliegenden Werk die Neugier für Ihre Vorfahren geweckt zu haben, falls Sie nicht schon über einen Stammbaum verfügen, der aufzeigt, wo Sie Ihre familiengeschichtlichen Wurzeln haben. In jedem Fall wünsche ich Ihnen viel Vergnügen bei der weiteren Pflege Ihrer genealogischen Daten oder gar der Erstellung eines neuen Stammbaums!

Literaturverzeichnis

A

[1] Anderegg Ernst und Hans, Dres., Anderegg-Buch (1934)

[N] Amiet Bruno, Solothurnische Geschichte, Bd. 1, S. 117ff, 163ff, 167ff, 284ff, 304ff und 363ff Staatskanzlei des Kantons Solothurn (1952) N = 8, 14, 15, 16

[18] Amiet Bruno, Sigrist Hans. Solothurnische Geschichte, Bd. 2, S. 182ff, 199, 244, 266, 328, 436f, 518ff und 532f Staatskanzlei des Kantons Solothurn (1976) N = 18, 22,25, 26

B

[30] Backman Ylva, Fankhauser Andreas, Lanz Christian, Gräber in Welschenrohr aus der Zeit des Franzoseneinfalls; in: Jahrbücher der Archäologie und Denkmalpflege im Kt. Solothurn. (2015)

F

[52] Freiburghaus Ruth, Wiedlisbach – Idyll am Jurafuss, S. 15 (1976)

G

[6,10,12] Geuenich Dieter, Geschichte der Alemannen, S. 10ff; Verlag W. Kohlhammer, Stuttgart (2005)

[33] Genoud François, Siebnerkonkordat, im HLS, Bd. 11, S. 618ff (2012)

H

[3] Harb Pierre; Spycher Hanspeter; Fundort. Archäologie im Kanton Solothurn (2016)

[11] Historisches Lexikon der Schweiz, Band 1, S. 175ff; Verlag Schwabe, Basel (2002)

[17] Historisches Lexikon der Schweiz, Band 11, S. 587ff (2012)

[19] Historisches Lexikon der Schweiz, Band 3, S.795 (2004)

[20] Historisches Lexikon der Schweiz, Band 13, S.420 (2014)

[24] Historisches Lexikon der Schweiz, Band 2, S.90ff (2003)

[27] Historisches Lexikon der Schweiz, Band 11, S. 587ff (2012)

[34] Historisches Lexikon der Schweiz, Band 11, S. 587ff (2012)

K

[5] Känzig Bernhard (Red.), Oberbipp und seine Geschichte, S. 55 (2007)

[47] Känzig Bernhard (Red.), Oberbipp und seine Geschichte, S. 130, 261ff, 267, 360f, 366 352ff, 376f, 383ff, 395f (2007)

[35] Kiem Martin, Die Alpenwirtschaft und Agrikultur in Obwalden seit den ältesten Zeiten, im Geschichtsfreund, herausgegeben vom historischen Verein der fünf Orte Luzern, Uri, Schwyz, Unterwalden und Zug, Bd. XXI, S. 187ff (1866)

L

[49] Leuenberger Walter, Ofensprüche, im: Jahrbuch des Oberaargaus, Bd. 2, S. 122 (1959)

N

[29] Nabholz Hans, Kläui Paul, Quellenbuch zur Verfassungsgeschichte der Schweizerischen Eidgenossenschaft und der Kantone, (1940)

S

[4] Schaffer Fritz, Abriss der Schweizer Geschichte, S.11ff; Verlag Huber, Frauenfeld (1972)

[39] Schärer R., Zur Geschichte des Schwingwesens

[37] Stadlin Franz Carl, Geschichten der Stadtgemeinde Zug, 1. Tl, Bd. IV, S. 62 (1824)

[54] Stadlin Franz Carl, Topografie des Kantons Zug (1818-24)

T

[7] Thürer Georg, Bundesspiegel: Geschichte und Verfassung der Schweizerischen Eidgenossenschaft, S. 10; Artemis Verlags-AG, Zürich (1964)

Autor/in nicht ad personam bekannt:

[36] Feuille centrale de la Société de Zofingue, T.XV, Genève, S. 334ff (1875)
[48] rumisberg.ch
[50] Neujahrsblatt des Museumsverein Wangen, S. 18ff (2011)